天下文化
BELIEVE IN READING

# 12個經濟指標
# 讓你投資無往不利

*Must-know Economic Indicators in the Age of Inflation*

世 界 イ ン フ レ 時 代 の 経 済 指 標


エミン・ユルマズ

**艾敏・尤爾馬茲——著**

**卓惠娟——譯**

目錄

## 第2章 絕對要理解的12項美國經濟指標

# 第3章 景氣指標綜合指數與各國經濟指標

## 第4章 解讀景氣時，可以當作參考指標的企業

# 第5章 大宗商品和景氣的關係

第6章

# 投資、工作、人生，都要從通縮思維轉成通膨思維

序言
# 三十年來首次覺醒的日本人

首先感謝各位閱讀本書。

本書將**介紹如何解讀及運用經濟指標**。不只是投資人、在金融機構服務的人，或是從事全球貿易相關工作的人，這本書也能對所有商務人士，以及未來要修讀經濟學的學生有所幫助。

先說結論，在投資或分析經濟趨勢之際，最重要的是**別因為眼前的動態而暈頭轉向，而必須具備「大局觀」**。

我在分析每天的行情時，不僅會掌握地緣政治的狀況，也會結合民族學、宗教學等知識，不斷更新大局觀的資訊。

這麼說或許會讓人覺得實行起來很困難，但其實日本在第二次世界大戰前，就有很多知識分子與政治家在這些領域表現十分出色。

舉例來說，堂島米會所推出的**「期貨交易所」**是全世界首創的制度；最普遍使用的「K線圖」，也是源自日本。

經常有人說「日本人不擅長投資」，我認為這是不熟悉日本經濟史的人，毫無根據的大放厥詞。事實上，**全世界最擅長投資的人可能就是日本人**。

---

對日本人的投資觀念有誤解的人，可能還停留在近三十年間對日本經濟或市場的印象吧？

泡沫崩壞的創傷，再加上通貨緊縮的經濟趨勢，投資對人們的吸引力變小，導致一般人對投資敬而遠之。

不過，在通貨緊縮的國家，這樣的行為極其合理。因為**在通貨緊縮的時期，抱著現金也是一種投資策略**。只要現金價值會上漲，保留現金按兵不動也是一種資產管理方法。

另一方面，當日本的通貨緊縮時代結束，通貨膨脹時代襲捲而來時，出現投資熱潮也是合情合理的轉變。所以日本人近年再次意識到**投資的必要性**，睽違三十年又開始採取行動。

---

隨著全球化趨勢發展，世界各國之間的經濟關係更加緊密。美國的金融危機禍及全球，或是經濟規模比較小的新興國家發生危機、波及先進國家而擴大風險的狀況也是屢見不鮮。

而且，由於經濟結構的差異，有些國家步伐較快，走在全球經濟的前面，有些國家則行動較慢而落後。

**理解這種充滿活力的經濟變化以及背後的機制，是建立「大局觀」的第一步。**

投資有點像戰爭。不是短期的勝負，而是長期的抗戰，因此**「戰略」**比戰術更重要。即使有再優異的戰術技巧，如果不了解市場走向，就有可能遭到市場的快速波動擊垮。而所謂的**戰略，就是解讀大局觀**。

## 睽違五十年的經濟大轉變

至今為止的經濟指標，通常是由總體經濟學家針對一般市場行情進行分析。

然而，今後**不僅是投資人，所有商業人士都可以透過仔細觀察經濟指標而獲利**。原因在於，當前的世界經濟可以說是五十年一遇的狀況，正在經歷重大的轉折。這個大轉折點就源於，自一九七〇年代到一九八〇年代以來，**我們正步入巨大的通膨時代**。

——

美國的消費者物價指數在一九七四年十二月比前一年同月上升一二·三%，在這之後，雖然指數曾經短暫維持平穩，但到了一九八〇年三月，又比前一年同月上升一四·八%。前者是受到第一次石油危機影響，後者是第二次石油危機造成原油價格上漲所導致。

自二〇〇八年全球金融危機以來，許多先進國家一直受到低成長率與通貨緊縮所苦。為了盡可能提高成長率，達成二%的通膨目標，採行積極的貨幣寬

## 美國消費者物價指數（1965年以後）

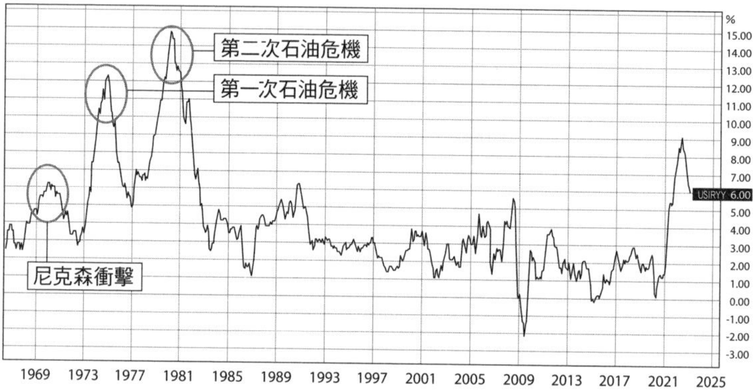


資料來源：TradingView

鬆政策。* 然而，自二〇二一年五月左右，美國經濟迅速轉向高度通貨膨脹，到了二〇二二年七月，消費者物價指數甚至比前一年同月上升達九・一%。

我們在日本可能很難實際感受到通膨的存在，因為即使在一九八〇年代後半的泡沫經濟時期，日本的消費者物價指數上升率**和現在美國的狀況相比，可以說是幾乎完全沒有上升**。一九八九年的消費者物價指數和前一年相較僅上升二・九%，而一九九〇年則僅上升三・三%。這樣的時代已經持續三十年以上，日本人自然很難切身感受到通膨的影響。

## 急劇的通膨引起極度的混亂

順便一提，我在土耳其出生，高通膨在這個國家是家常便飯。在一九八〇與一九九〇年代，兩位數的通膨率可以說是司空見慣，甚至曾經有過高達八〇%、九〇%這樣不可思議的通膨時期。我個人對此也有切身經驗，**剛上小學**

＊ 譯注：一九八九年十二月，紐西蘭將通膨率目標訂在〇%～二%，成功終結一九七〇年代與一九八〇年代的高通膨，引起全球許多先進國家仿效。自一九九〇年代以來，二%通膨率目標大抵已成為全球主要央行的共同信仰。

**時，瓶裝或罐裝的果汁一瓶才賣十土耳其里拉，但我高中畢業時，已經上漲到一百萬土耳其里拉。**

當真正的通膨來襲時，各種物品的價格不得不經常跟著調漲。不只是企業之間交易的原料價格變動，企業銷售給消費者的產品與服務零售價格也必須調整。更進一步來說，**上班族的薪資與公務員的薪水**都會受到影響。總之，一切有標價的項目，都必須重新調整。

然而，由於訂價方式並沒有明確的指引，所以針對價格需要調漲多少，各企業甚至政府機關都各行其事，**導致社會上所有物品的價格，都陷入極度混亂的狀態**。

這才是高通膨的最大問題。當社會上的價格調整陷入混亂時，社會秩序也會跟著陷入混亂。如果薪資同樣隨著物價調升就罷了，但是，薪資調升的幅度低於通膨率時，人們的購買力將大幅下降，必然會在生活上形成極大的壓力。

通膨的另一個負面影響是，人們將喪失對價格的敏感度。尤其是在物價一年上升八〇％、九〇％的高通膨時期，我們根本無從判斷眼前的物品價格究竟是昂貴還是便宜？於是，**當一個國家的貨幣不斷貶值時，物品價格就不會再以自己國家的貨幣來標示，而是將改以美元標示價格**。

當然，我並不知道今後日本會不會受到高通膨所衝擊。但是，以二〇二二年的狀況而言，日圓兌美元的匯率波動非常劇烈。我想大家看新聞都可以感受到，**日圓貶值，也就是日圓的貨幣價值下降，正是造成通貨膨脹的元兇**。

二〇二二年三月左右，一美元可以兌**一百一十五日圓**，但到了同年十月二十一日，日幣貶值到一美元可以兌**一百五十一・九四日圓**，而後在二〇二三年一月十六日，日幣一度升值到一美元兌一百二十七・二三日圓，到了二月十七日，日幣又再次貶值為一美元兌一百三十四日圓。

今後日圓將會繼續貶值，又或是轉而升值，目前還是未知數。但是，在睽違四十年到五十年發生的通貨膨脹中，所有人受到匯率行情與匯率波動的影響必然比過去更大，我們當然有必要關注世界經濟的波動。因此，也更需要注意經濟指標的動向。

## 為什麼會發生通膨？

為什麼全球經濟會從通貨緊縮大幅轉向變成通貨膨脹呢？

我們先看看**通貨膨脹的定義**是什麼。一般說的通貨膨脹，是指物價持續上升的狀況，但我要介紹的是更深入分析的說明。以下這段話出自東洋經濟新報社的前社長，也是曾經在戰後擔任大藏大臣，*以及內閣總理大臣的石橋湛山。他表示：

什麼是通膨？以學識來精確解說這個詞彙是學者的工作，我並不打算這麼做。我總是以一般常識來說明**通貨膨脹**的現象：當一個國家的**貨幣數量**遠**超過**這個國家健全的經濟活動發展**所需**，甚至**增加到會造成危害的程度**時，就是通貨膨脹。英國知名經濟學家**阿爾佛列德・馬歇爾**（**Alfred Marshall**）曾舉**機械油**為例說明通膨的概念，他指出，機械不能少了油，沒有油就難以順利運轉，但是過量的油也對機械運轉有害。過少不行，過多也有害。（粗體字為筆者添加）

接著，再來看看金融廳官網的說明：†

* 譯注：「大藏大臣」相當於台灣的財政部部長。

† 編注：「金融廳」是設立於日本內閣之下的獨立行政機關，也是監管金融相關事務的最高行政部門。

通膨是指物價持續上漲的情況。**物價是金錢與商品的交換比率，物價上漲與貨幣價值下跌**雖然意義相同，但若是漲幅**平穩**，反而對經濟活動具有正面影響。由於企業營收與產量增加，消費者的勞動所得便隨之增加，相對的，**手頭也比較寬裕**。而隨著所得效果發揮效應、物價也繼續上漲，*人們會認為與其持有現金，不如趁物價比較低的時候購物更加有利，從而**促進消費**。另外，在通貨膨脹之下，**借貸**的負擔相對減輕，因此人們更傾向於願意借錢購買汽車等的**耐久財**、**消費品**，或是**住房**等大型物品，從而擴大家庭的資產與負債，也就是說，他們資產負債表上的數字擴大了。（粗體字為筆者添加）

以上兩段文字雖然都說明通膨的定義，但在過去三十年間，發生在日本的狀況，卻是截然相反。**由於物價持續下跌，使得現金價值上升，形成現金放在**

**手邊更有利**的狀況。而且，明天物品的價格會比今天的價格更便宜，後天又比明天更便宜。在這樣的情況下，任何人都希望能以最便宜的價格消費。結果，人們便持續傾向減少消費，因而導致經濟不景氣。

---

那麼，為什麼現在的社會會發生通貨膨脹的現象呢？

其中一個原因是，**貨幣的數量過多**。

但貨幣的數量為什麼會太多呢？

追本溯源，肇因是大約三十五年前的一九八七年十月，由美國引發的全球股災，也就是金融界俗稱的**「黑色星期一」**。美國股市在短期間崩盤、陷入大

---

＊編注：「所得效果」指的是一個人的收入變動，會影響他的消費行為。

混亂，當時，**美國聯邦準備銀行（Federal Reserve Bank），採取貨幣寬鬆政策，提供金融流動性來穩定市場**，這件事還令人記憶猶新。

而日本的狀況，則是因為過去遭逢難以從貨幣寬鬆轉為貨幣緊縮的失敗經驗。日本在進入一九九〇年代以後，股市開始暴跌，房地產價格也崩盤。

泡沫經濟總會瓦解，問題在於瓦解的方式，因為最終這會導致硬著陸（hard landing，指經濟衰退過快）。為什麼會變成這樣的狀況呢？因為當時的日本央行總裁三重野康，**將政策利率的貼現率從二・五%一口氣提升到六%**。[*]

日本央行總裁三重野康當時被譽為「泡沫經濟剋星」、「平成時代的鬼平」，[†]策略也獲得媒體高度評價。然而，在泡沫經濟崩壞數年後，人們才知道這個做法有多麼不妥。由於這次痛苦的失敗經驗，日本央行對於實施貨幣緊縮變得躊躇，可以說這是一種心理創傷。

就這樣，美、日兩國之後數度面臨經濟危機，具有代表性的事件如二〇〇〇年的網路科技泡沫危機、二〇〇八年雷曼兄弟破產造成的金融海嘯、二〇二〇年新冠疫情衝擊等。每一次的危機，美國聯邦準備銀行都採取大幅貨幣寬鬆政策，透過釋放大量資金到金融市場，來擴大資產負債表。

尤其最需要注目的是，新冠疫情金融危機後的貨幣寬鬆政策。**美國聯邦準備銀行預估新冠疫情將導致經濟衰退的金融危機，便以十分驚人的速度增加貨幣供給量。**而日本由於央行總裁三重野康曾經犯下貨幣緊縮失敗的過錯，導致創傷，便持續將近三十年貨幣寬鬆政策。

二〇二〇年以後，全球通膨加速的最主要原因，就是貨幣寬鬆的影響。更進一步來說，世界各國對新冠肺炎全球大流行反應過度，也可能是起因之一。

* 編注：「貼現率」指的是票據持有人到銀行將票據換成現金時，銀行所收取的利息；貼現率愈高，票據持有人換到的現金愈少，銀行的報酬愈高。

† 譯注：「鬼平」是池波正太郎著作的日本時代小說《鬼平犯科帳》中的人物，作品中描述鬼平逮捕罪犯、制裁惡人的故事。

由於全球採取中斷世界經濟的極端舉措，對經濟活動造成巨大的傷害，而由此產生的後遺症，就是通貨膨脹。

## 新冠疫情前後截然不同的社會與經濟狀況

那麼，現在的物價上漲到什麼時候會回穩呢？美國的聯邦準備銀行與歐元區的歐洲央行（European Central Bank，縮寫為ＥＣＢ，是主要負責歐元區內二十個國家貨幣政策的中央銀行）採取貨幣緊縮政策，促使景氣衰退而導致通貨緊縮，物價是否可能下降到新冠肺炎之前的水準呢？

針對這些問題，我不能斷言說可能性為零，但比較大的問題是，這次的通膨並不單純是因為需求過剩所引起，還可能受到**結構性的因素**所影響。如果只是單純的供需平衡問題，隨著時間經過，供需可能重新達到平衡，物價就應當再次下降，然而**這次的通膨必須考慮地緣政治的因素**。

具體來說，包括**美中之間的新冷戰與烏克蘭戰爭**在內，都是造成結構性通膨的重要因素。

---

我們不妨稍微回溯一下，看看這次的通膨爆發之前，為什麼全球性的通縮會加速進展？

其中最主要的因素是**中國**。有「世界工廠」之稱的中國，製造並出口各種產品到全世界。而且，中國運用廉價勞動力，以極其低廉的價格出口產品，說這個國家是人類有史以來最大的通縮出口製造機也不為過。

然而，近年來歐美各國和中國對立、自由主義經濟和共產主義經濟對立，或者更精確的說，是自由主義經濟和威權主義經濟之間的對立；於是當對立逐漸升級，便出現和中國脫鉤（decoupling，也可以說是「切割」）的趨勢。如果將身為通縮出口製造機的**中國排除在供應鏈之外，物價勢必上揚**。

另外一個問題則是烏克蘭戰爭。和烏克蘭交戰的俄羅斯，是全球自然資源最豐富的國家，歐洲各國不只透過俄羅斯的管線進口**天然氣**，俄羅斯更占有全球四成的**鈀金**產量。另外，用於製造半導體氣體雷射的介質**氖氣**，是由烏克蘭供應全球七成的產量，具有同樣用途的**氪氣**，光俄羅斯與烏克蘭就合計占全球八成產量。只要俄羅斯與烏克蘭的戰爭沒有結束，或是沒有劃時代的替代性資源出現，從兩國開採的稀有資源價格勢必持續高漲。這可以說是結構性的通膨因素。

只要這些結構性的通膨因素持續存在，我想全球的物價水準就無法恢復到新冠肺炎前的狀態。

這麼一來，將來的**產業勢必發生重大變革**。將中國排除在供應鏈之外，在資源與能源方面降低對俄羅斯的過度依賴，這些行動可能發生在美國、歐洲，甚至日本。我們現在正站在歷史性的巨大轉折點。

## 現在更要解讀經濟指標

從二〇〇八年的金融海嘯引起全球股價暴跌開始算起，到二〇二三年正好是第十五個年頭。

在這段時間，如果觀察美國代表性的股價指數「標準普爾五〇〇指數」（S&P 500）走勢會看見，儘管在二〇二〇年三月受到新冠疫情衝擊，K棒瞬間迅速出現長長的下影線，但之後股價仍持續創新高。美國股市在這十五年間，持續呈現上升趨勢。

同樣的，東證股價指數（Tokyo Stock Price Index，縮寫為TOPIX）與日經平均指數，這兩個日本代表性的股價指數也出現類似的趨勢。日本股市在民主黨政權執行的經濟政策下表現差強人意，但實際上進入二〇一三年後，近十年的股價都呈現上升趨勢。

當長期趨勢明顯可見時，投資人只需跟隨趨勢就能獲利，**但現在趨勢來到一個巨大的轉折點**。不僅股價，就連世界經濟的結構，也出現巨大變化。正因為我們處於這樣的時期，解讀經濟指標變得至關重要。**原因在於，經濟指標數字會提示趨勢正在轉折**。

那麼，為什麼投資人今後必須親自確認經濟指標比較好呢？那是因為過去我們遭到專家背叛了好幾次。

我們歷經過好幾次重大的經濟衰退。美國在二〇〇〇年陷入網路科技泡沫，二〇〇八年又發生金融海嘯，日本則除了這兩次經濟衰退，還有一九八〇年代的房地產泡沫破裂，導致長期景氣低迷。而這幾次危機，所謂的專家都抱持樂觀的預測，口徑一致的宣稱：「沒問題。應該不致於陷入嚴重的景氣低迷。」尤其是身為「賣方」的專家，也就是銷售股票與基金的證券公司分析師、經濟學家，以及策略投資人等。或許是擔心業務可能因此面臨萎縮枯竭的風險，他們始終持續提出樂觀的預測。

舉例來說，面臨金融危機時，日本的專家眾口鑠金表示：「說到底，那只是美國房市的問題，火苗不太可能延燒到日本，更何況，日本企業幾乎都沒有投資美國的不動產抵押證券。」然而，事實證明並非如此，日本企業不但因此倒閉，更以製造業為主開始出現「停止聘雇派遣人員」等社會問題，形成相當不良的影響。

因此，就這層意義來說，**在日本幾乎沒有專業人士能提供值得一般人參考的意見**。前文提到任職於市場賣方的專家，只能提出對自家公司展望有利的市場觀點，所以實際上他們明知前景悲觀，卻不能公開表述。

此外，美國財經新聞機構的預估也傾向樂觀的角度。因為這時候愈是樂觀的預測，愈有可能吸引大量廣告贊助。

一旦我們無法信任在公開媒體露面的專家言論時，接下來就只能仰賴自己的判斷。而判斷的依據，首先就需要培養解讀經濟指標的能力。幸好，現在的經濟指標相關資訊都經過整理後公開發表，當然一定要多加利用。

經濟指標是由各國的政府機構公開，因此如果要知道所有經濟指標，就要去看各國政府相關機構的相關網站。但是，近年出現很多彙整指標資訊的網站。比方說，日本的外匯交易公司等就建置網頁，讓使用者可以一次檢視美國等全球主要國家的經濟指標。換句話說，現在任何人都能輕易查詢經濟指標。既然如此，當然一定要善加運用。

再加上我前文說過，現在正值趨勢發生重大轉變的時機。不只是想要投資的人，站在商業界最前線的人也要把握轉折點時機、了解轉折之後的方向，養成檢視經濟指標的習慣。

希望各位務必閱讀本書，習得今後全球通膨時代的求生智慧。

艾敏・尤爾馬茲

# 第 1 章

# 重要經濟指標有哪些？該如何解讀與運用？

## 解讀經濟指標前必須了解的概念

前文提及，經濟指標將指引我們看見未來的市場轉折點。

「經濟指標」的種類可以說是不勝枚舉。除了和就業相關的求才求職比、失業率等，還有企業物價指數、消費者物價指數、GDP（Gross Domestic Product，國內生產毛額）、工業生產指數、機械設備採購統計、日銀短觀、景氣動向指數等，其他還有形形色色的參考指標。

此外，剛才舉的都是日本的經濟指標，但是，同樣的，美國有美國的經濟指標，中國也有中國的經濟指標。隨著經濟活動與金融不斷全球化，**只看自己國家的經濟指標，可能難以掌握世界經濟的真實樣貌**。換句話說，我們必須理解世界的經濟指標。

我這麼說或許會令人沮喪，因而喪失學習經濟指標的熱忱。

不過，**各位不需要擔心，並不是非得像專家一般對「經濟指標」瞭若指掌才能投資**。如果你只是希望從投資中獲利，並不需要深入了解每一項經濟指標的細節。

我們需要知道的不是經濟指標的內容，**關鍵在於如何解讀經濟指標的數字**。關於這一點，可能需要某種程度的「想像力」。還有一件事非常重要，就是把不同國家的經濟指標，視為一個**「流程」**看待。

舉例來說，假設臺灣的半導體訂單減少，原因是什麼呢？

向臺灣半導體業下製造訂單的是美國。假設像蘋果這樣製造智慧型手機或平板的公司，預測全球景氣將會衰退、銷售量跟著下滑，當然對半導體的需求量也會降低。換句話說，**臺灣的半導體訂單動向，就可能是揭示全球經濟狀況的領先指標**。

同樣的情況也適用於日本企業。以半導體供應鏈為例說明，用來製作半導體的材料是矽晶圓與半導體製造設備，這些是日本的強項。而向日本訂購矽晶圓與半導體製造設備的國家，則是中國的企業、韓國的三星與臺灣的台積電。當製作矽晶圓與半導體製造設備的日本企業業績開始下滑時，表示中國、韓國、臺灣的半導體製造商產量減少，再往上追溯，就是強烈反映出美國的意

**臺灣的半導體企業（台積電等）訂單減少**

▼

**聯想** 美國的智慧型手機或平板製造商的業績可能下滑。

---

**矽晶圓或半導體製造設備廠商的業績下滑**

▼

**聯想 1** 中、韓、台半導體製造商抑制生產。

**聯想 2** 手機或平板製造商減少生產與出貨量。

向，而美國正是掌控全球供應鏈、控制最終產品生產與出貨的關鍵角色。

## 優先觀察美國的經濟指標

我是日本股市的信徒。我敢說，日經平均指數到二〇五〇前可以漲破三十萬點。我對日本就是有這麼強烈的信心。

不過，觀察經濟指標時，還是**建議優先觀察美國**。為了掌控總體經濟的動向與現況，首先還是得先看美國的經濟指標。這是因為，**不了解美國的指標，就無法掌握全球經濟的重大趨勢**。

美國是全球經濟規模最大的國家，擁有強大的軍事力量，在政治與經濟政策上都扮演領導角色。美國發表的經濟指標雖然未必是領先的動向，但是要**了解大趨勢與轉折點，還是無法忽視美國的動向**。

舉例來說，全球有多少個國家，就有多少位央行總裁。而其中又以美國聯邦準備銀行總裁、日銀總裁、歐洲央行（ECB）總裁與英國央行（BOE）總裁的發言最受全球注目，但**眾人最關心的，還是美國聯邦準備銀行總裁的發言**。

美國聯邦準備銀行雖然是美國的中央銀行，但是從供應全球流通的美元這一點來看，也可以說它是全球的中央銀行。因此，儘管每個國家都有各自央行總裁的立場，但美國聯邦準備銀行主席則是執牛耳的角色。各國的央行總裁通常都會聽取美國聯邦準備銀行總裁的意見。

而且，傾向聽取美國意見的做法不僅限於中央銀行。不論是**商業界或是政治圈，美國幾乎形同各界的領導者**，一舉手一投足皆受到注目。

**在美國之後，其次必須觀察的是日本**。我們必須了解，在美國創造趨勢後，日本是否沿著這個趨勢方向執行政策，並從這個角度來檢視日本的經濟指標。*

**再其次則是中國**。中國是世界工廠，承接來自各國的工作訂單。換句話說，中國的製造業現在景氣是否欣欣向榮，還是因為不景氣而陷入困境，從這些觀點來看，也可以大致掌握各國的景氣動向。

**最後，我們也要大略觀察歐盟的經濟指標**。

雖然相較於美國、日本與中國，我們比較容易忽略歐洲，但是觀察整體歐盟的狀況，會發現它的經濟規模相當於美國的七成比例。由此可見，歐盟的經濟規模之大，不能小覷。

尤其，**德國在歐盟當中具備最強的經濟實力**。所以，**德國的工業生產與採購經理人指數等，也必須關注**（詳見第 3 章）。

以上，我已經說明各國經濟活動的規模與分析流程。投資人最重要的是先觀察美國的經濟指標。雖然日本報章也會大幅報導日銀短觀、日本就業相關統

＊　編注：作者在此是以日本為主講解，但讀者除了關注日本的重要指標，也需留心臺灣的指標，以及臺灣央行的動向。

### 要掌握世界經濟趨勢

**就依照這個順序注意經濟指標：**

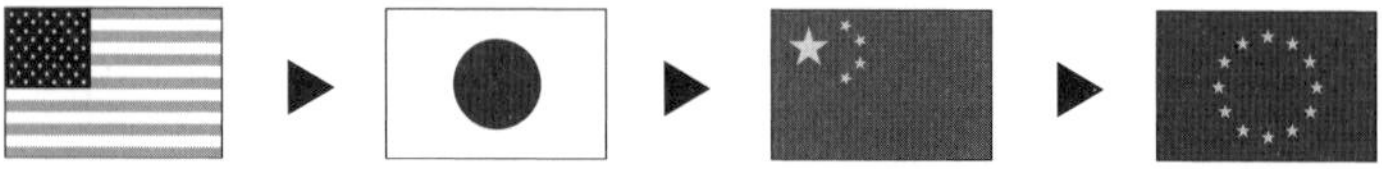

**美國 ▶ 日本 ▶ 中國 ▶ 歐盟**

計數據，以及GDP等，從對於市場的影響力來看，應該難以和美國的經濟指標匹敵。

即使日本的就業相關統計數據再怎麼出色，如果美國的就業統計數據例如**「美國非農就業數據」（nonfarm payrolls）**非常亮眼，人們不但不會買進日圓，反而會大量賣出日圓（將於第2章詳細解說），即使日本經濟再好，人們依然有可能賣出日圓，美國經濟對世界經濟的影響就是如此重大。

除了這些數據，不太需要一一確認日本的經濟指標。首先，只需要理解應該注意的美國經濟指標即可。另外，我們也不需要理解美國所有的經濟指標。只要理解對金融市場影響力特別大的十二項經濟指標，而且我會在下一章逐一講解，這樣就算是完成第一步了。

下一章開始，我會詳細說明美國重要經濟指標的關鍵內容，所以本章只大略介紹整體的概要。

## 美國就業統計是驅動金融市場的重要因素

其中最重要的是**美國的「就業統計」**。請記住本書所提到的「重要」，都是指**「對市場而言的重要性」**，再往下繼續閱讀。

每個月的第一個週五會公布就業統計數據。時間是美國上午八點半，相當於日本的晚上九點半（這是夏令時間，冬令則是日本的晚上十點半）。* 如果在這段時間觀察美元兌日圓的即時匯率，會發現數據公布後匯率的波動很劇烈。

就業統計會公布許多項數字，其中應該特別注意的是**「非農就業數據」**、**「失業率」**與**「勞動參與率」**這三項。在經濟平穩的時期，必須先注意這些就業統計數據。

另一方面，當經濟情勢有重大話題時，就要集中關注相關的經濟指標。舉例來說，二〇二二年之後的美國，通膨腳步加快。這時候，除了就業統計數據，也必須更加注意通膨率。以美國來說，必須關注**「消費者物價指數」**與**「個人消費支出物價指數」(Personal Consumption Expenditure Price Index，縮寫為PCE)**。

基本上，在低通膨時期，這些和通膨相關的經濟統計數據，幾乎不會受到注目。但是，如果出現如同二〇二二年一般的**通膨加速**、**金融政策調整**的狀況時，就會迅速受到熱切關注。

此外，當美國發生通膨之際，也必須分析這是美國特有的現象，或是全球整體的趨勢。因此，**確認美國的物價動向後，接著必須依序觀察歐元區、日本、中國的通膨率**。

---

話說回來，和物價有關的指數除了「消費者物價指數」以外，還有**「企業物價指數」**。消費者物價指數是顯示消費者在購買商品或服務時，物價變動的經濟指標；而**企業物價指數則會顯示企業之間交易原料等商品時的物價變動**。

順便一提，「企業物價指數」是日本使用的名稱，在其他國家可能叫作「批

＊　編注：臺灣時間則是夏令晚上八點半、冬令晚上九點半。

發物價指數」（又稱「躉售物價指數」，Wholesale Price Index，縮寫為WPI），有些國家則稱為「生產者物價指數」（Producer Price Index，縮寫為PPI），但意義相同。

企業物價指數受重視的程度遠不如消費者物價指數。話雖如此，當消費者物價指數和企業物價指數之間有差異時，最好要注意一下。

舉例來說，在二〇二二年十二月，日本的企業物價指數和前一年同月相比，上升一〇・二%，但是消費者物價指數和前一年同月相比，卻只上升四%，換句話說，其中**六・二個百分點的物價差距，是企業透過努力經營而吸收下來的結果**。

但是，這個狀況不可能永遠持續下去，我們必須理解到，這樣的物價差異肯定會在某些地方反應在消費者物價指數上。

接著，檢查完就業統計與物價經濟指標後，則要觀察美國的**「零售業營業**

**額」**。因為在美國主要的經濟活動中，個人消費占了大約七成，因此必須注意觀察零售業營業額的變動。這也表示，美國人的個人消費意願比較強烈。

雖然同樣情況也適用於日本，但是日本人的消費意願並沒有那麼強烈，數字變動對金融市場的影響也有限。

## 工業生產要關注中國與日本的數字

就業統計、物價、零售業營業額，全都和個人消費力道的強弱有很密切的關係。**就業率的好壞會影響個人消費，而消費者物價上漲過高，消費力就會逐漸降低**。當個人消費力下降，零售業的營業額自然低迷。

至於個人消費如何影響物品的生產，則主要必須觀察**「工業生產指數」**。

只不過，**分析工業生產的狀況時，中國的數字比美國的數字重要**。這是因為美國的產業結構主要偏重服務業，製造業占GDP的比例較低；二〇二〇年的占比僅一〇・八％。以這一點而言，中國身為世界工廠，生產各種不同產品輸出到全世界，因此，**中國的工業生產指數如果從製造業的角度來看，便成為全球的領先指標**。就製造業占國家GDP的比例而言，僅次於中國的是日本，其次則是歐元區，然後才是美國。

在製造業方面，除了工業生產指數，接著要觀察的是**「採購經理人指數」（Purchasing Managers' Index，縮寫為PMI）**。採購經理人指數又分為綜合採購經理人指數、製造業採購經理人指數，以及服務業採購經理人指數。這項指標可以依照各國的經濟結構來分析判斷。舉例來說，中國與日本是以製造業採購經理人指數為中心，而美國相對於製造業，服務業的占比更大，所以要觀察的是服務業採購經理人指數。此外，美國公布採購經理人指數的機構是供應管理協會（Institute for Supply Management，縮寫為ISM），所以有時候人們也會用ISM來稱呼採購經理人指數，但都是指同一項指數（請參考第2章）。

像這樣，我們不應該從消費的狀況來分析經濟，而是要**依照各國提供商品或服務的狀況來判斷，也就是根據各國經濟結構的差異，來理解究竟這個國家重視製造業或服務業**。以製造業而言，如同前述，中國是全球製造最多商品，並出口到世界各國的國家，因此在分析**工業生產或製造業的採購經理人指數時，首先必須觀察中國的數字**，其次是日本、歐元區，最後才是美國。

另外，至於服務業，則是絕對要看美國的數字。近年來日本的服務業規模已經逐漸成長，但是美國的個人消費規模非常龐大，光是個人消費就足以對全球經濟產生巨大影響，因此必須確實掌握美國的服務業採購經理人指數。

## GDP是非常落後的經濟指標

雖然除了上述指標，還有很多可以反映細節的經濟指標，但是基本上如同前文所說，只要理解和就業、物價、個人消費與生產有關的經濟指標，就已經完成第一步。

值得一提的是，**「求才求職比」**對於掌握日本的景氣動態非常有幫助（詳見第2章）；此外，**「日銀短觀」**（請參考第3章）則是外國投資人喜歡參考的日本經濟指標。

日銀短觀在外國投資人之間相當廣為人知，人們甚至直接以「短觀」的日語發音「TANKAN」來稱呼這項經濟指標。不只是因為外國投資人經常關注，這個指標的動向也對市場有很大的影響，或許列入觀察項目會比較好。

另外，經常登上報紙頭條的**「GDP」（國內生產毛額）**，雖然是掌握實際經濟規模時，準確又重要的經濟指標，但由於每季公布一次，比方說一到三月的數字是四月才公布，所以分析時，要記住它是一項**落後指標**。

GDP數字公布後，市場很少因此而產生大幅波動。以總體經濟分析為本業的人另當別論，但是對於期望透過股市投資或外匯交易來增加資產的人而言，這項指標並不是特別重要。

另外，如果要掌握過去到現在的趨勢變化，必要的指標就是**「經常帳」**。所謂的經常帳，會顯示出日本與海外的貿易與投資有多少獲利。雖然這項指標對股價的影響並不大，但是對於從事外匯投資交易的人，我建議最好列入觀察。

這是因為，從過去的趨勢來看，經常帳順差減少而轉為逆差時，會對匯率產生影響。其中尤其是日本的經常帳數字惡化時，幾乎所有狀況都會導致日圓遭到拋售。

## 掌握利率與央行的動向

**金融市場的動態也是解讀經濟走勢的參考依據**。尤其是金融市場和前文說明的經濟指標不同，市場每一天、每一刻的數字都在變化。因此，一般認為**市場比其他經濟指標更具領先指標的性質**。

在市場中值得關注的是**「利率」**。這裡說的利率和定期存款利率不同，要注意的是和債券市場相關的**債券殖利率**。

債券市場依照債券到期返還本金的期限，可以分為一年債、兩年債、五年債、十年債、二十年債、三十年債等，根據不同到期日來進行買賣。其中**值得注意的是，兩年債與十年債的關係**。

一般而言，債券到期返還本金的期限愈短、殖利率愈低，但有時會發生**「負斜率」（殖利率曲線倒掛）**的狀況，也就是短期公債的殖利率比長期公債的

## 「正斜率」與「負斜率」

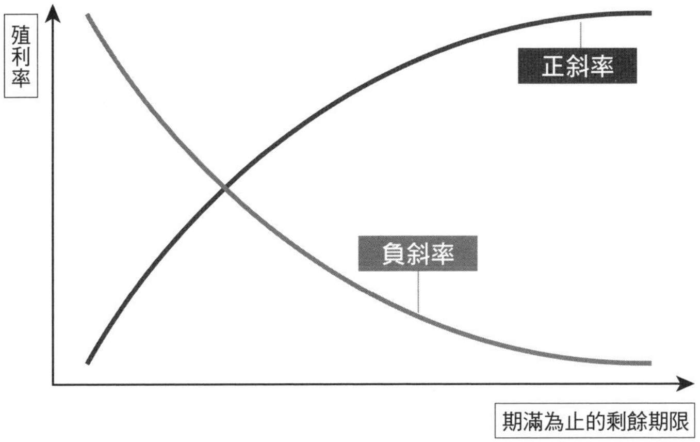


殖利率更高。一般人認為，這是未來景氣將衰退的警訊（詳見第3章）。

債券市場的規模大約是股票市場的兩倍，因此吸引眾多專業投資人參與。

況且，債券投資人比股市投資人更具長期視角，會根據各國的基本面（顯示經濟狀況的基礎因素）來操作。相較之下，股市投資人更容易受到短期心理預期的影響，而非遵循長期基本面做判斷。因此，一般認為**債券殖利率的動態比股價的波動更能準確反映出未來的景氣動向**。

談到殖利率順便說明一下，投資人最好也要大略觀察各國**中央銀行**的動態。美國的話是美國聯邦準備銀行，日本是日本銀行，歐元區則是歐洲央行，以及中國的人民銀行；要說這四間央行驅動全球金融也不為過。舉例來說，美國聯邦準備銀行的總裁，或是日本銀行的日銀總裁，都會定期公開發言。他們的發言當中，必然包含**各國央行對於今後全球經濟的觀點**，所以，當新聞報導時，不妨到央行官網等來源再次確認他們說了什麼。

順便一提，在這些央行當中，首先要注意美國聯邦準備銀行，其次是日本銀行、歐洲央行，最後是人民銀行。尤其是美國聯邦準備銀行與日本銀行，都和全球各國簽署**「貨幣互換協定」**，這項協定能讓簽署國在需要外幣時，向其他國家調度外幣資金。

和眾多國家締結這項協定的是美國聯邦準備銀行與日本銀行。換句話說，美國聯邦準備銀行與日本銀行扮演全球中央銀行的角色，這也代表，比起歐洲央行與中國人民銀行，我們更應該關注這兩間銀行的動向。

## 參考日本與中國的指標，預測美國的變化

下一章開始，我將更深入說明前面簡略提到的各項指標。但是，投資時，**首先還是應該關注美國的經濟指標**。不論在股市、債市或外匯市場，參與市場的投資人時常關切的是**「未來美國的經濟狀況會好轉？或是惡化？」**因此，當美國的經濟指標公開時，股價、利率、匯率經常會產生巨大波動。因此，我在下一章將說明幾項必須特別關注的美國經濟指標。

不過，在預測美國的經濟指標走勢時，日本與中國的指標很值得參考。如同前文所說，日本與中國的工業生產指數，往往領先全球製造業的趨勢變動。換句話說，**藉由觀察日本與中國的經濟指標，可以粗略預估未來的經濟動向，洞察美國經濟指標會有什麼樣的變化，調整投資部位。**

請各位記住這樣的概念，繼續閱讀下一章。

第 2 章

# 絕對要理解的
# 12 項美國經濟指標

| 美國主要經濟指標每月公布時程 | |
|---|---|
| 第一個週三 | ADP 民間就業指數 |
| 第一個營業日 | ISM 製造業景氣指數 |
| 第一個週五 | 就業統計 |
| 11 日公布初值、25 日公布終值 | 密西根大學信心指數 |
| 10 ～ 14 日 | 消費者物價指數（CPI） |
| 11 ～ 14 日 | 零售業營業額指數 |
| 15 日左右 | 工業生產指數 |
| 16 ～ 19 日 | 新屋開工、營建許可指數 |
| 20 日左右 | 景氣領先指數 |
| 月底最後一個工作日 | 個人消費支出（PCE） |
| 下旬 | 耐久財訂單 |
| 最後一個週二 | 消費者信心指數 |

# 1

## 就業統計

### 對股價與外匯有重大影響，必須關注

**在眾多經濟指標當中，對股價與外匯影響最大的是美國就業統計。**因此，可以說這是最重要的指標。

這項指標是每個月第一個週五、美國時間上午八點半公布。由於時差影響，日本看到最新數字的時間是週五晚上。從三月第二個週日到十一月第一個週日，歐美採取夏令時間時，日本是晚上九點半看到就業統計指標；夏令時間以外的期間即冬令時間，日本則是晚上十點半才會看到新數字。

就業統計之所以受到重視，**第一是因為這是一項非常即時的指標**。因為公布的日期是每個月第一個週五，和前一個月月底沒差幾天就公布上一個月的最新數字。大多數經濟指標從統計結束到公布數字為止，耗費的時間比較多，有點偏向落後指標的趨勢，但是**就業統計數字幾乎沒有時間的落差**。

就業統計受到重視的另一個理由，是因為有詳細的報告可以參考。提到就業統計，人們通常都只看失業率與非農就業人數。但是，實際上，就業統計除了這些數字還提供更詳細的報告，經濟學家或法人經營者都相當看重。

由於官網上都是英語內容，而且實際上閱讀這些資料還必須自行點進美國勞工統計局的官網，對日本的散戶而言或許門檻有點高。不過，法人與經濟學家等市場參與者，大多數都會觀察這項指標，代表它對於市場有重要影響，建議至少看一下數字。

美國勞工部勞動統計局官網

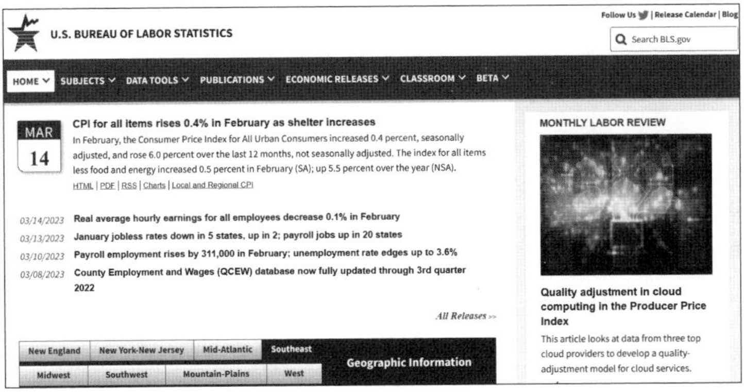


尤其重要的項目是失業率（unemployment rate）、非農就業人口（nonfarm payrolls）與勞動參與率（labor force participation rate）。

## 釐清「失業者」的定義

美國勞工部勞動統計局製作的就業統計調查，是針對六萬個家庭進行家庭收支調查，並查訪四十四萬個法人機構進行企業調查後，彙整而成的問卷調查報告。這份調查會詢問下列問題：「現在有工作嗎？」「現在的工作是全職還是兼職？」「如果沒有工作，已經持續多久沒工作了？」，其中最關鍵的問題是：**「在這一個月當中，你是否積極找工作？」**

**美國對「勞動力」的定義**是「積極求職的人」。**如果在一個月的期間內，沒有工作的人積極求職卻找不到工作時，就會被視為失業者。**

二〇〇八年九月發生的金融海嘯，從二〇〇九年三月左右開始對就業市場造成不良影響。二〇〇九年七月到九月間失業者人數大增，失業率上升至五・四%，尤其對二十四歲以下的年輕勞動階層影響重大，在二〇〇九年三月，年輕勞動者的失業率甚至上升到十一・三%。

在這波金融風暴中，景氣復甦進展緩慢，就業狀況也沒有顯著改善。其中，有許多人甚至放棄求職。由於沒有積極求職的人不算是勞動力，所以這些人的失業情況並沒有被計入失業率當中。

因此，即使失業率降低，我們還是得考慮**放棄求職的失業者究竟有多少人**。

此外，畢竟這份調查是以問卷形式作答，所以受訪者是否據實回答也是個問題。不過，既然有六萬人的樣本數，依此計算的數據準確度應該還是相當高。

## 從就業統計判斷景氣轉折點

就業統計中的「非農就業人口」，也是市場參與者經常關注的經濟指標。這指的是**扣除自營工作者與農業工作者的就業人數，如果人數和前一個月相比，大致上增加達十五到二十萬人，就是景氣好轉的表現**。相反的，當景氣惡化，數字和前一個月相比會出現大幅衰退；不過，當景氣衰退期走到最後階段時，非農就業人口的數字就會漸漸上升。一旦看得出上升趨勢的跡象，就能判斷不景氣是否即將步入尾聲。

景氣一般分為「擴張期」與「收縮期」，週而復始就稱為景氣循環；在美國是由國家經濟研究所（National Bureau of Economic Research）來判斷景氣循環，在日本是由內閣府負責。

美國自一八五四年以來，共經歷三十四次的景氣循環，第二次世界大戰後則經歷十二次的景氣循環。

而且，**以平均值來看，景氣衰退的期間大致上是十一個月左右**，所以，美國的景氣進入衰退期之後，**經過十一個月左右，要確認非農就業人口的數字是否上升**。如果上升，就可以判斷景氣衰退可能即將結束，就這個角度來看，「非農就業人口」可以說是掌握景氣轉折點的一項重要經濟指標。

另外一項和就業統計相關、同樣值得觀察的數字，就是**製造業的工時**。由於製造業對景氣相對敏感，所以工時變化也可以作為觀察景氣變換的訊號。具體來說，當工時下降到四十個小時以下就是景氣收縮期，而超過四十小時則可視為景氣進入擴張期的訊號。這些指標數字都可以從企業調查報告當中取得。

此外，下列觀點或許有點過於枝微末節，但是當**卡車司機的需求量**增加時，也是反應物流需求旺盛的證據，可以判斷景氣可能正朝著擴張趨勢發展；另外，當托兒所等**兒童照護服務**的招募人數增加時，也可以視為景氣正進入擴張期。

如果是單薪家庭，兒童照護服務的需求可能不大，但是對雙薪家庭而言，這項服務則是不可或缺。兒童照護服務的招募人數增加，代表企業有意願雇用人力，甚至人力愈多愈好，可想而知景氣可能走向擴張期。

## 就業統計對市場的影響

就業統計數據對市場的影響，主要取決於**「預期」的數字和實際數字之間差了多少**。

當數字出現顯著的正乖離，實際數字比預期數字高很多的時候，對股市來說就是讓人開心的正面驚喜，股價將大幅上升。

舉例來說，「在平常時」，非農就業人口預期比前一個月多二十萬人，但實際上卻增加五十萬人，這就是讓人開心的正面驚喜，股價將大幅上漲。

相反的，即使實際數字和預期數字一樣增加，但只增加十萬人時，則是明顯讓人不開心的負面驚喜，股價將大幅下跌。

然而，在景氣非常過熱的時候，如果實際的非農業就業人數大幅增加，不久後，可能會讓聯邦準備銀行採取貨幣緊縮政策，以抑制通貨膨脹發生。這麼一來，人們會擔心利率上升，最後反而導致股價下跌，二〇二二年下半年的美國市場就曾經發生過這種現象。

## 債券價格和報酬率的關係

接下來要談的是，債券市場的反應會和股票市場相反。換句話說，當就業統計數字比預期數字還要高，債券市場就會迅速下跌。

雖然我們不需要詳細了解債券運作的道理，但是請記住兩項重點：

**①利率上升，債券價格下降；**

**②利率下降，債券價格上升。**

只要在到期前繼續持有債券，就可以定期獲得約定的利息，到期時還可以拿回票面記載的本金金額。

然而，就算債券投資人並未持有至到期日，而是在債券市場出售，有意購買的投資人也可以收購。買賣債券的過程，是以債券價格來交易，舉例來說，票面金額為一百日圓的債券，依據利率的變動，成交價格可能是一百零一日圓，也可能以九十九日圓賣出。如果票面金額不變，還是一百日圓，利率也固定不變，那麼投資人買進時的債券價格，將影響最終的債券報酬率。當然，如果債券價格超過票面金額，報酬率將下降；當債券價格低於票面金額，報酬率則會上升。

換句話說，如果就業統計數字大幅增加，可以想見投資人**預期未來發生通膨的機率將升高，參與債券市場的大多數投資人可能因此賣出手中的債券**。這是因為，當投資人預期利率會上升，債券價格就可能隨之下跌。結果，債券價

## 債券價格與利率的關係（假設債券報酬率為2%）

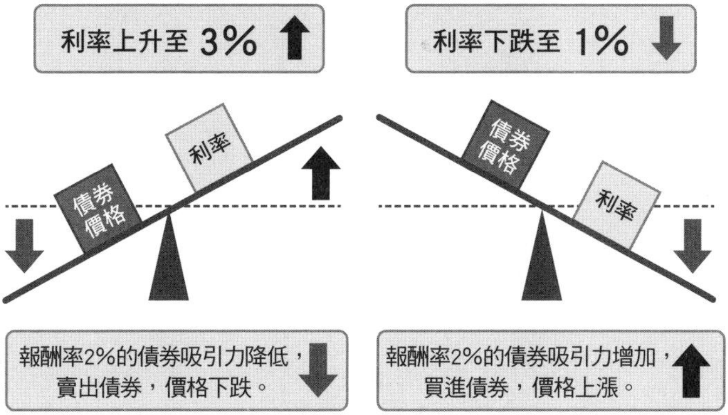


＊此表是根據日本證券業協會教材內容製作而成。

格下跌，報酬率便上升。這就是就業統計數字漂亮的時候，股價跟著上升、債券價格卻面臨下跌壓力的邏輯。

---

然而，這也必須根據當前經濟處於哪一個階段來看。假設市場剛從經濟衰退中走出來，儘管就業統計數字很漂亮，市場參與者可能並不認為景氣過熱，因此統計數字對債券市場的影響就相對輕微。投資

人難以想像政府會實施貨幣緊縮政策，債券價格便不會下跌。

換句話說，股票與債券的價格不會僅僅因為就業統計數字很漂亮，就直接讓「股價上升」、「債券價格下跌」，而是會**根據當時的景氣狀況而變動**。

## 就業統計會直接影響外匯市場的漲跌

相對於股票與債券，**外匯市場**則會完全忽視景氣現況等因素，僅根據就業統計數字增加而買進、減少就賣出。

外匯市場上雖然有各種貨幣的交易，但由於非農就業人數是美國經濟的指標，結果無疑將影響美元的價格變動。

以美元兌日圓的匯率為例，如果**非農就業人數大幅增加，美元買氣將隨之看漲；反之，如果非農就業人數減少，人們將賣出美元**。

我再強調一次，這和當前景氣是否過熱，或是正走出經濟衰退期並進入復甦階段完全無關。

## 日本的求才求職比

接著我們來簡單討論一下日本的就業相關統計數字。實際上，日本政府也會定期公布就業相關的經濟指標，其中包括失業率與求才求職比。

說實話，和美國的指標相比，這些指標對市場幾乎沒有什麼影響，投資時大致上也可以忽略。不過，如果想掌握日本的景氣循環，**「求才求職比」**則不容忽視。

求才求職比是指，和一個正在找工作的人相比，市場上有多少個空缺職位。換句話說，這是**用來了解就業難易程度的經濟指標**。假設求職者有一百名，而空缺的職位有一百五十個，那麼求才求職比就是一・五倍。*

回顧過去的數字，當日本泡沫經濟在一九九〇年達到巔峰時，求才求職比曾上升至高點，達到一・四三倍；但隨後泡沫破裂時，倍數急劇下降，甚至在一九九九年惡化到僅有〇・三四倍，這個時期便被稱為「就業冰河期」。

此後雖然狀況逐漸好轉，但在金融海嘯後的二〇〇九年五月，又降至史上最低點，僅〇・三二倍。求職求才比直到二〇一八年才刷新一九九〇年的最高點，達到一・六二倍。

整體來說，觀察求才求職比的增減，可以清楚看到它幾乎完美呈現出日本的景氣循環。儘管這僅限於用來判斷極其有限的情境，但是多少了解一下也是有利無弊。

## 提前兩天預測的就業統計數字

就業統計是由美國政府製作與公布的經濟指標，但是除此之外還有一份由民營企業製作公布的就業統計數據**「ADP 就業統計」**。ADP 是美國大型人力資源管理企業「自動資料處理公司」（Automatic Data Processing），代理計算超過四十萬間企業的薪資。他們會在美國官方公布就業統計前兩天公布自己的統計數據；就業統計是每個月第一個週五公布，**ADP 就業統計則是早兩天，在每個月的第一個週三公布。**

他們計算超過四十萬間企業的薪資，這代表在美國勞工當中，大約每六個人就有一人適用這項薪資計算服務，可以視為一個極大的數據庫。

---

＊ 編注：臺灣也有類似的指標「求供倍數」，指新登記的求才人數對新登記的求職人數的倍數。

此外，官方就業統計是以問卷調查為基礎，但**ＡＤＰ就業統計則是根據實際薪資數據計算，準確度相當高**。更何況，ＡＤＰ就業統計比官方的就業統計提前兩天公布，對於希望盡早掌握市場動態的人來說，它就成為一項引人關注的經濟指標。舉例來說，外匯投資人可能會查看ＡＤＰ就業統計數字，大致預估兩天後公布的官方數據。

然而，需要注意的是，ＡＤＰ就業統計和官方就業統計有時可能會出現不同的結果。所以，除非你是專業人士，否則只要在週五查看官方公布的就業統計就夠了。

# 2

# 初次申請失業救濟金人數

## 失業保險申請件數反映出就業現況

**「初次申請失業救濟金人數」**是美國行之有年的經濟指標，近年來逐漸得到關注，甚至受到相當多注目。

正如名稱所示，這項指標會追蹤申請失業救濟金的人數。申請人數增加就代表失業人數增加，因此可以判斷景氣可能進入衰退階段。

初次申請失業救濟金人數這項經濟指標逐漸受到關注的主因在於，它是一項**準確性比較高的同時指標**。

畢竟，和每個月公布一次的就業統計相比，這項指標**每週公布一次**，更加即時。換句話說，它能讓投資人更即時、更迅速的掌握當前經濟狀況。

觀察這些數字時的要點是，**如果申請人數已經持續好幾週都超過四十萬人，表示經濟處於不景氣的階段；反之，如果申請人數長期低於三十七萬件，可以判斷經濟正處於復甦階段**。

此外，在查看數字時必須注意，由於數據每週公布一次，可能會衍生出一些問題。雖然公布頻率比較高能幫助我們即時了解情況，同時卻也可能導致數字的波動變大。因此，在實際觀察初次申請失業救濟金人數時，不應該僅根據一週的數字下判斷，而是要追蹤好幾週的趨勢。

# 3

# 零售業營業額

## 將美國人的消費意願化為數字

這是觀察美國經濟的一項重要經濟指標。

這項指標為什麼很重要呢？因為**在美國，個人消費就占 GDP 達七成**。換句話說，經濟活動有高達七成受到個人消費所影響。

而**零售業營業額約占個人消費總額的三分之一**。如果零售業營業額高，對股價會有正面影響，對債券是負面影響，至於在匯率上則是推高美元的重要因素。零售業繁榮，表示美國景氣良好。

不過，需要注意的是，**零售業營業額**包括百貨公司與超市購物，以及在加油站與餐廳等地的消費，儘管可以透過具體的商品種類來掌握消費趨勢，但是，其中**不包括搭飛機、外出旅遊與髮廊等服務相關的消費，也不計入看電影、聽音樂會等消費**。

此外，還要注意確認這些數字是名目值。所謂的**名目值，就是忽略通膨率的原始數字**；名目值減去通膨率後得到的數字就稱為「實質值」。觀察經濟指標時，必須牢記名目值與實質值的基本概念。

舉例來說，假設零售業營業額比去年同月成長八％，這八％的成長可能表明消費意願很強烈。但是，如果同一時期的通膨率也上升八％是什麼意思呢？那就代表零售業

**「實質值」＝ 名目值—通膨率**

營業額的成長只是通膨造成的表象，零售業營業額並沒有實質成長。

反之，即使零售業營業額僅成長三%，但如果通膨率為負二%，那麼名目上零售業營業額成長三%，實質上零售業營業額則是成長五%。

# 4 GDP 掌握國家的經濟規模

GDP是Gross Domestic Product的縮寫，意為「國內生產毛額」，重要性落在「中等」左右。雖然在某些情況下可能受到關注，但由於不夠即時，在股市或債市等進行交易時，並非作為判斷依據的經濟指標。

透過GDP顯示的總額數字，**可以比較各國的經濟規模**；和前一年同期的成長率來比較，還可以判斷**一個國家經濟成長的速度**、或是縮減的速度。不只是美國，日本、中國等世界各國當然都會統計這項指標。

GDP是將一個國家在特定期間內生產的所有商品與服務的金額加總而得出的數據。像是汽車、房屋、電玩、醫療費用、泡麵等，總之在特定期間內製造的任何商品與服務都納入計算；還包括出口的商品與服務，甚至庫存的物品也會納入計算。換句話說，這項指標可以視為**一個國家的總產出**。

---

GDP是以季度為基礎編製與發布數據。分為一～三月季度、四～六月季度、七～九月季度、十～十二月季度，每個季度都會檢查前一年度同期的成長率。*

以美國來說，**換算下來年成長率大約落在三～三・五%最佳**。如果能夠維持這樣的成長速度，多數美國公民都能感受到生活上的富足。相反的，如果年成長率低於三%，可能代表實際上經濟正在衰退，無法容納所有參與勞動的人口，最終導致失業率上升。

儘管如此，經濟成長的速度並不是愈快愈好。對新興國家而言，如果像以往的中國一樣 GDP 成長率達到一〇%也可以接受，但如果是像美國這樣的先進國家，一〇%的 GDP 成長率反而可能帶來負面影響，因為這會引發經濟過熱或通貨膨脹。

---

另一個類似的經濟指標**「GNP」**則不同，有別於 GDP 表示國內生產毛額，GNP 指的是國民生產毛額。

GDP 和 GNP 的差異在於，GDP 計算的是在一個國家內生產的所有

---

* 譯注：台灣的 GDP 是由行政院主計總處統計、公布，每年二月、五月、八月、十一月都會公布前兩季的 GDP 終值與前一季的 GDP 初值，此外，每年十一月還會額外公布兩年前至前兩個季度為止的 GDP 終值。

商品與服務的金額總和；因此，在美國生產的豐田卡車，就會納入美國的GDP。

而GNP計算的是國民的生產總值，因此在美國生產的豐田卡車就計入日本的GNP。

過去日本曾經使用GNP來表示經濟規模，但現在日本與其他國家則是普遍使用GDP來表示經濟規模。

## GDP是落後指標

另外，我們不能期待GDP如同就業統計一般，具備景氣同時指標的作用。GDP數據以一到三月的季度數字為例，會在四月公布，四到六月的季度數字則是在七月公布，因此屬於觀察景氣的落後指標。換句話說，GDP無法預測經濟前景，**僅能用來確認當下的狀況**。

因此，GDP在市場上並沒有受到太多重視。特別是在經濟相對穩定的情況下，便不會成為話題，也不太可能成為新聞報導的對象。

---

然而，**在處於景氣轉折點時期，GDP仍然會受到關注**。事實上，GDP不僅包括總額，還包括個人消費、企業設備投資、住宅投資、醫療費用，以及長照給付、公共投資等非常廣泛的統計數據。因此，它能夠針對一個國家的經濟活動，**呈現出各個領域的強弱情況**。

當然，這是經濟學家等專業人士應該關注的領域，對一般投資人而言，並不需要追蹤如此詳細的數據。特別是GDP數字對股市基本上幾乎毫無影響。然而，專業投資人之所以經常關注GDP，是因為債券市場對它的數字變動比較敏感。

基本上，如果GDP數字強勁，債券市場往往賣壓也比較強，也就是說，長期殖利率會上升。反之，如果GDP數字疲軟，債券市場往往買盤較強，長期殖利率會下降。

此外，GDP數字上升對匯率而言，幾乎毫無例外會被視為正向的因素，當美國的GDP表現良好，市場會持續買進美元。

# 5 個人所得與支出

## 個人支出是消費者物價指數的領先指標

這是由美國商務部製作、在每個月下旬公布的經濟指標，焦點通常在於美國的個人所得與支出和前年同期的比較，同時也會公布儲蓄率。

正如前述，在美國經濟中，個人消費就占GDP七成。美國的經濟體系是以消費為基礎，如果消費者不花錢，經濟就會陷入低迷。當然，沒錢也沒有辦法花錢，如果個人所得成長緩慢，個人消費卻急速成長，絕對不表示經濟運作良好。所得沒有成長的時候，人們可能會透過負債來支撐消費。

然而，如果個人所得大幅成長，個人支出卻沒有增加，也並不理想。這可能是因為大多數人對未來感到擔憂而選擇儲蓄。如此一來，儲蓄率可能會上升，但消費卻急劇下降，最終經濟將陷入通貨緊縮的狀況。

因此，理想的狀況是，個人所得與個人消費都以相近的速度成長。

值得一提的是，這裡的「個人所得」是指從薪資、租金收入、利息、股利等項目的總額中扣除社會保險費後，個人實際收到的淨收入。而「個人支出」則包括汽車與家電產品等「耐久財支出」、以及食品與衣物等「非耐久財支出」，以及旅遊與外出用餐等「服務支出」。

計算這些個人支出的指標稱為**「個人消費支出」（Personal Consumption Expenditure，縮寫為PCE），據說美國聯邦準備銀行掌握物價趨勢之際，也**

**很注重這項指標，而不是只看消費者物價指數（Consumer Price Index，縮寫為CPI，詳見本章同名章節）。**

如果個人消費活躍，物價就會逐漸上升，因此觀察個人支出的動向，可以在消費者物價指數上升之前察覺通膨的徵兆。換句話說，**個人消費支出被視為消費者物價指數的領先指標。**

## 美國家庭多負債，對利率變動相當敏感

正如前文所述，個人支出包括「耐久財支出」、「非耐久財支出」與「服務支出」三類。其中，耐久財支出主要指的是能夠使用三年以上、價格較高的商品，占個人支出一五％左右。

非耐久財支出則是指使用期限三年以下的商品，占個人支出二〇～二

五％；其餘則是服務支出，大約占六五％。順便一提，服務支出在一九六〇年代占個人支出的比例約為四〇％，顯示在過去六十幾年當中，美國的個人支出**從耐久財與非耐久財轉向服務為主**。

然後，從個人所得中扣除這些個人支出後剩下的金額，就是儲蓄。換句話說，這些資金可以拿去存起來，也可以用來購買股票、債券或投資信託。順帶一提，美國人的大部分收入都用於消費，因此儲蓄率相對較低。

**儲蓄金額除以可支配所得（收入扣除稅金與社會保險費，即為可自由使用的淨收入）**，就可以得出儲蓄率。舉例來說，假設可支配所得為一百美元，其中十美元用於儲蓄，則儲蓄率為一〇％。

美國的儲蓄率在一九六〇年代曾經超過八％，但此後呈下降趨勢，到了一九九〇年代降至約四％。而在金融危機前，儲蓄率甚至是負數。**負儲蓄率表示正處於借貸狀態**，因為支出超過收入，為了彌補差距而不斷借款。

美國的家庭基本上屬於**負債導向**，也正因為如此，美國人對於利率上升的反應很敏感。畢竟，他們甚至必須借錢來消費，所以利率上升會對消費產生負面的影響。考慮到個人消費在美國的GDP當中占比達七成，**利率上升對整體經濟活動的影響不容忽視**。

---

自二〇二二年以來，美國的通貨膨脹加劇。一般來說，通膨惡化會導致個人消費減少，但美國的零售營業額與個人支出並沒有大幅下降。原因在於，美國家庭多負債，透過信用卡與消費者貸款借錢，再用來消費。

然而，借款就要支付利息。隨著近期利率上升影響物價調漲，想要償還債務逐漸變得愈來愈困難。因此，如果利率繼續上升，消費可能會迅速下降。

# 6 消費者信心指數

# 7 密西根大學消費者信心指數

## 景氣與就業情況，以及消費趨勢的問卷調查

這兩項經濟指標以重要性而言，並不如就業統計那麼重要，大致只有「中等」的程度。但是，在景氣轉折點時可能必須關注。

消費者信心指數由**美國經濟諮商理事會**（Conference Board，也稱為美國經濟評議會；由美國經濟機構與勞工組織等組成的非營利私人研究機構）公布。

數據取自理事會針對五千個家庭的消費者所做的問卷調查，藉此了解景氣、就業狀況與消費動向；是一項能從消費者的觀點來了解美國經濟狀況的指標。

除此之外，還有一個名稱相似的經濟指標，叫作**「密西根大學消費者信心指數」（University of Michigan Consumer Sentiment Index）**。由於兩者名稱相似，許多人容易混淆，但它們實際上是不同的指標。密西根大學消費者信心指數如同其名，是由密西根大學製作、公布的經濟指標。

美國經濟諮商理事會的消費者信心指數，是更著重就業狀況而進行的問卷調查；而密西根大學消費者信心指數，則是側重調查個人對消費的期望、經濟狀況、資金流動與收入等方面。而且，兩者的調查對象也不同，美國經濟諮商理事會是對五千人做調查，而密西根大學則是透過五百人的電話問卷調查統計結果。

此外，由於消費者信心指數較為注重就業狀況，因此在呈現景氣實際變化

### 消費者信心指數與密西根大學消費者信心指數

| | 消費者信心指數 | 密西根大學消費者信心指數 |
|---|---|---|
| **主要調查項目** | 就業狀況 | 對個人消費的期待、經濟狀況、資金流動與收入 |
| **領先性** | 稍微落後 | 稍微領先 |

方面比較沒有那麼即時。這是因為，**景氣好壞需要花一些時間才能反映在就業狀況上**。相較之下，**密西根大學消費者信心指數主要集中調查影響個人消費態度的項目，因此具備比較強的領先性質。**

---

在影響市場方面，這兩項指數下降，都會對股票市場產生負面影響，因為個人消費下降將導致企業業績惡化。

相反的，當這兩項指數呈現上升趨勢或保持高水準時，對股票價格具有非常正面的影響。

此外，這兩項指數對債券市場的影響比較小。但是，如果**長期數據持續偏高，將加劇發生通膨的擔憂，可能會讓債券產生賣壓**。順便一提，在外匯市場上，這些強勁的數據有可能成為支撐美元買盤的因素。

# 8 耐久財訂單

## 從耐久財製造商的動向來預測未來景氣

這項經濟指標對市場影響相當大，投資人應該密切關注。

基本上，多數經濟指標大部分是以數字來呈現已經發生的事實，因此通常在反映景氣的變化上，難免有一定程度的落後，但是，**耐久財訂單是少數可以透過數字來顯示即將發生什麼事的經濟指標**。也就是說，它傾向領先景氣的變化。

這項指標能領先景氣趨勢的原因在於，它在耐久財製造商開始製造產品的數個月或半年左右之前，就已經在「訂購」的階段掌握這些訂單了。

因此，**當景氣處於衰退階段，如果耐久財訂單數字稍微有所改善，可以判斷幾個月到半年後衰退將結束**；反之，當景氣繁榮時，如果耐久財訂單數字稍微下降了，很可能在幾個月或半年後進入景氣衰退的階段。

在這項指標對市場的影響方面，如果景氣低迷時，耐久財訂單數字有改善的跡象，將產生正向的影響。然而，如果景氣繁榮時，耐久財訂單數字大幅上升，會被視為景氣過熱的徵兆。結果可能讓人預期將會升息，導致股價下跌，這也就是**「好消息變壞消息」（Good News is Bad News）**。

至於這項指標對匯率的影響則十分直接，如果數字上升，美元買盤會增加；反之，美元賣壓則會增強。

此外，在債券方面，當耐久財訂單的數字比預期更高時，可能讓人擔憂即將升息，進而導致債券賣壓增強。

# 9 工業生產指數

## 透過製造業運作狀況洞悉市場景氣

工業生產指數是將一個國家的礦業與製造業的生產動向指數化的指標。簡單來說，可以將它視為**反映美國製造業繁榮與否的經濟指標**。

**美國製造業在整體經濟中的占比逐年減少**。截至二〇二〇年，製造業在美國經濟中的占比僅為一〇・八%。相較之下，日本約為二〇%，中國則為二七・五%。

因此，**有世界工廠之稱的中國工業生產指數，有領先全球製造業趨勢的傾

**向；從這個觀點來看，日本的工業生產指數則是同時指標，而美國的工業生產指數則被視為落後指標。**

---

那麼，儘管製造業占比較低，為什麼美國的經濟指標仍然很重視工業生產指數呢？實際上，理由相當明確。

首先，這是由美國央行**聯邦準備銀行直接計算的經濟指標**。和日本的日銀短觀等指標的情況相似，中央銀行計算的經濟指標可能會反映在金融政策中，因此對市場參與者來說很值得關注。

第二個原因是，**製造業對景氣敏感的程度**。考慮到美國經濟大部分是服務業，可能讓人誤以為應該更加關注服務業的動向。實際上，服務業具有不受經濟波動影響的穩定特性。換句話說，**服務業不容易受到景氣變動影響**。這是因為服務業通常和人們的生活密切相關，即使景氣變差，人們也不會輕易停止消費。舉例來說，人們不會因為景氣惡化就不修剪頭髮或不去看病。

相較之下，工業生產指數中包含汽車與家電等製造業產品，一旦景氣惡化，人們會減少購買這些商品，這就是**工業生產指數能更敏感的反映景氣好壞的原因**。因此，即使商業結構以服務業為主，也無法忽視工業生產指數的動向。

---

順便一提，工業生產指數的趨勢不太可能大幅推升股價。

但是，工業生產指數會敏感的反映出景氣動態，因此適合用來掌握景氣的轉折點。

此外，要了解製造業的動向，除了工業生產指數，也可以參考**「產能利用率」**。產能利用率也是由美國聯邦準備銀行計算、公布的經濟指標，因此和工業生產指數一樣，同樣受到市場參與者關注。

**產能利用率顯示的是，和生產能力相對的實際生產量有多少。**如果數字超過八〇%，投資生產設備的活動會增加，但同時也可能因為通膨擔憂加劇，對債券市場產生負面的影響。

# 10 ＩＳＭ製造業景氣指數

## 採購經理人對未來趨勢的觀察

還有一項和製造業相關的重要經濟指標叫作**「ＩＳＭ製造業景氣指數」**。

ＩＳＭ是 Institute for Supply Management 的縮寫，意指「美國供應管理協會」，是美國最權威的職業組織，總部位於亞利桑那州，由各企業的採購經理人組成。而**採購經理人是指負責採購製造產品所需的原料與零件等資材的人員**。

美國供應管理協會每個月會進行兩項重要的調查，其中一項的調查對象是製造業的採購經理人，另一項則是非製造業（服務業）的採購經理人。觀察的重點在於製造業。在製造產品的過程中，首先需要採購原料與零件。**採購經理人必須預估市場未來對自家產品的需求，再採購所需的原料與零件。**

因此，如果預估未來產品訂單將增加，採購經理人就會增加原料與零件的訂單；反之，如果預估未來庫存將增加，則會減少原料與零件的訂單。換句話說，市場近期對未來製造業需求的預測，將會左右採購經理人的動向。

這項調查的結果會在每個月第一個工作日公布。**當數字超過五十時，一般認為這暗示景氣擴張，低於五十則暗示景氣衰退。**以美國的景氣動態來說，當數字為五十時，ＧＤＰ成長率約為二・五％，而數字每上升一些，ＧＤＰ成長率就會增加約〇・三％。

因此，對於股市而言，ＩＳＭ製造業景氣指數超過五十並處於上升趨勢，會被視為正向因素。特別是在景氣低迷時期，如果數字超過五十，可以被視為進入經濟復甦階段。

然而，在經濟過熱的情況下，如果數字進一步上升，將會形成引起通膨的壓力，因此對股市而言是不利因素。

——

至於債券市場，對ＩＳＭ製造業景氣指數的反應相當敏感，如果數字比預期更高，幾乎肯定會造成債券賣壓，進而推升利率。一般認為**美國的長期利率和ＩＳＭ製造業景氣指數大約有七〇%的相關性**。

總體而言，這項指數和市場的關係整理如下：當ＩＳＭ製造業景氣指數持續升高到五十時，將產生推動利率上升的壓力，導致債券容易遭到拋售，股票買氣增強。

指數落在四十五到五十之間，對債券而言是相較適宜的水準，債券買氣增強，利率下降。特別是指數低於四十五時，投資人對債券的興趣增高，債券價格大幅上升，同時利率大幅下降。至於在匯市上，當指數超過五十，美元的買盤壓力會增強，反之，指數低於五十時，美元的賣壓會增強。

# 11 新屋營建許可件數

## 利率與房貸對景氣的影響

美國房地產市場對景氣變化極為敏感。一旦景氣惡化，房地產市場首當其衝一起下跌；而一旦景氣出現復甦跡象，房地產市場改善的速度同樣一馬當先。此外，房地產市場也對通膨極為敏感。**房地產市場之所以對景氣與通膨的變動如此敏感，最大的原因在於利率。**當利率上升，房貸利率也隨之上升。一旦房貸利率上升，透過長期房貸來購屋也會變得很困難，住宅需求便因此降低，住宅建設也減少。二〇二二年，美國的長期利率從一％上升至四％，由此可以預見房地產將受到明顯的牽制。

此外，房地產開發商在建造住宅時需要借款，如果利率上升，開發事業的規模也會縮小。

相反的，如果利率下降，開發商會更積極開發，人們也比較有意願購置房產。然而，在景氣衰退導致利率下降的情況下，房地產市場將窒礙難行。換句話說，景氣必須好轉，而且利率還得保持在適宜的水準，房地產市場才會熱絡。

---

新屋開工數和新屋營建許可件數的差別在於，開工數是建造房屋的時候才統計，而**許可件數是在開工前就獲得基礎開挖許可的房屋數。因此，許可件數比開工數更具有領先指標性，可視為景氣的領先指標。**

**關於住宅大幅影響景氣的原因，其中涉及的範疇非常廣泛。**建造住宅需要鋼鐵、木材、玻璃、管線、混凝土、塑膠等各種材料；而房屋建成後，還會出現新的需求，如家電與家具。實際上，據說在美國建造一千棟新住宅，會創造出超過兩千五百個正職就業機會，支付的薪資也高達一億美元以上。

當然，隨著新屋營建許可件數成長，股價通常會保持穩定，這對債券市場而言反而是不利的影響。

# 12 消費者物價指數

## 理想的物價上漲率是二％

最後要說明的是，在觀察市場時格外重要的美國經濟指標**「消費者物價指數」（CPI）**。

消費者物價指數是由美國勞工部每月編製、公布的經濟指標，用來衡量消費者購買的商品與服務的價格變動。換句話說，如果消費者物價指數和前一年同月相比上升，表示物價上漲；如果下降，則表示物價下跌。如果每個月的數字和前年同月相比，都以一定的幅度持續上升，可能要擔心通膨的問題；反之，如果持續出現相當程度的跌幅，就有通縮的隱憂。

---

基本上，如果物價長期下跌，就會陷入景氣衰退。這一點從長期經歷通縮的日本現況就可以看出來。因此，一般認為，物價緩慢上升是好事。

問題在於，大家期望上升的幅度是多少。如果每個月都比前一年同月上漲五%、八%，那麼和收入增加的比例相較之下，生活成本將急劇上升，整個國家的生活水準可能因此大幅降低。因此，普遍來說，在經濟規模不縮小，生活水準也沒有因此大幅降低的情況下，物價持續上升是更好的情況。

那麼，物價上漲率多少才算是比較好呢，一般來說，**普遍同意（有共識）的數字是二%**。這個數字完全沒有科學根據，只是大家認為二%左右應該是不錯的共識。

如果沒有達到二％，就會陷入低通膨或通縮，經濟情況將變得相當糟糕。

一九二九年的經濟大蕭條時，美國的消費者物價指數急劇下降。在一九二九年至一九三三年的四年間，消費者物價指數下降達二四％，可以說是相當嚴重的經濟通貨緊縮。

簡而言之，物價上漲過快或下跌過快都不是好事。因此，各國的中央銀行，如日本銀行與美國聯邦準備銀行等，都以年通膨率二％為目標，致力讓物價和緩上漲，並依此採取金融政策。

## 股票市場的價格發現功能

中央銀行有兩項使命：一項是確保**就業穩定**，另一項是確保**物價穩定**。日本銀行與美國聯邦準備銀行等，各國中央銀行的職責是，透過同時穩定就業與物價，確保經濟得以持續成長。

近年來，日本銀行為了向市場提供資金，大量購買ETF（Exchange Traded Fund，指數股票型基金）。ETF是一種可以和日經平均股價與東證股價指數績效表現連動的基金。

因此，當日本央行持續購買ETF時，會吸引資金買進和這檔ETF連動的股價指數成分股，從而產生推高股價的效果。這確實可以有效支撐日本的股市，但是卻也帶來另一個重大問題。

那就是喪失**市場的價格發現（price discovery）功能**。這表示「好東西（企業）得到好評，而不好的東西（企業）遭到淘汰」的常識不再有用。

針對這一點，野村資產管理公司進行了一項有趣的研究。這項研究探討，在「已經清楚知道未來十二個月的業績表現」的前提下進行投資，結果會賺錢還是虧損，並且按照時序進行分析。

當然，如果能知道十二個月後的業績表現，那麼任何人都會選擇十二個月後業績優良的個股來建構投資組合。因此，十二個月後業績優良的股票，股價幾乎肯定都會上漲。

如果按照時序來查看，可以發現，從二〇〇〇年到二〇一〇年期間，業績與股價的關係確實是這樣發展。

然而，**從二〇一〇年開始，這種關係開始瓦解**。尤其是在二〇一九年，即使已經知道個股未來十二個月的業績表現，投資這檔股票也不會賺錢，市場因而扭曲。

---

高盛集團（The Goldman Sachs Group）創建的「無獲利科技股指數基金」（Non-Profitable Tech Stock Index），是由沒有獲利的虧損企業構成的股價指數。但是，在新冠疫情後，這檔指數基金的績效表現驚人，這也證明市場已然喪失

價格發現的功能。

像這樣**喪失價格發現功能的主要原因在於，出現前所未有、大規模的貨幣寬鬆**。

本來，股票投資的重點就是要發掘企業的根本價值，並且在股價被低估的時候買進。然而，自金融海嘯以來，不僅日本、連美國在內，都在大規模貨幣寬鬆的情況下，忽視市場價格發現的功能，而貨幣寬鬆政策又持續不變，資金便流入股市。

不過，自二〇二二年以來，隨著消費者物價指數上升，金融政策開始偏向緊縮。在未來，我們將看到**投資人挑選的投資標的會是，即使通膨持續，也依然能夠穩定取得良好業績的企業**。

這將使貨幣寬鬆時期失去的價格發現功能逐漸恢復。因此，我們才要密切關注消費者物價指數的趨勢。

# 第 3 章

# 景氣指標綜合指數與各國經濟指標

# 13 景氣領先指標（LEI）

## 從半年到兩年左右的時段來觀察全球景氣

在前一章，我們主要是從經濟指標對市場影響的角度，來分析美國的十二項經濟指標。

在這一章，我們將討論**「景氣指標綜合指數」**，也就是運用多項經濟指標來解讀景氣的方向、趨勢。

當我們觀察前一章說明的十二項重要指標時，可能會發現某項指標顯示經濟正處於復甦的階段，但另一項指標卻顯示經濟還要一段時間才會復甦。實際上，**在某些情況下，我們可能難以判斷應該看哪些條件，才能準確把握景氣的轉折點**。或者，由於季節變化等因素影響，指數可能突然上升或下降。這種狀況看起來就像是個「幌子」，所以相較之下，綜合指數會**結合許多項經濟指標的數字，即使某項指標出現劇烈的變化，整體指數仍然會是平均值**。

因此，綜合指數可以提高指數本身的可靠性，一旦個別經濟指標出現異常值，只要搭配觀察綜合指數，就能減少判斷錯誤的機率。

---

結束這一長篇的前言後，讓我們進入正題，首先要了解的綜合指數是**「景氣領先指標」（Leading Economic Index，縮寫為 LEI）**。在上一章，我們提到「消費者信心指數」是美國經濟諮商理事會製作並公布，「景氣領先指標」也同樣是由這個組織製作、公布。

美國經濟諮商理事會靈活運用各項經濟指標的特性，編製成可以領先反映景氣動向的「景氣領先指標」、和景氣動向幾乎同步的「景氣同時指標」，以及落後景氣動向的「景氣落後指標」這三大系統的經濟指標。其中最受到關注的是**「景氣領先指標」**。

## 由非金融指數與金融指數組成的指標

景氣領先指標總計由十個種類的因素組合而成，其中包括：

**①製造業每週平均工時**

**②初次申請失業救濟金人數的每週平均值**

**③製造業新訂單（消費財）**

④ＩＳＭ製造業新訂單指數
⑤製造業新訂單（扣除航空的非國防資本財）
⑥新屋營建許可件數
⑦股價（標準普爾五〇〇指數）
⑧領先信用（貸）指數
⑨十年期美債與聯邦基金利率的利差
⑩消費者對未來景氣的平均期望值

美國經濟諮商理事會將這些經濟指標組合、加權，並且決定各項指標的權重。在這十項經濟指標當中，有七項是非金融指數，其餘三項則是金融指數。

而且，在七項非金融指數中，權重最高的是①「製造業每週平均工時」，大約占總比重的二八%。

## 美國經濟諮商理事會編製的景氣領先指標

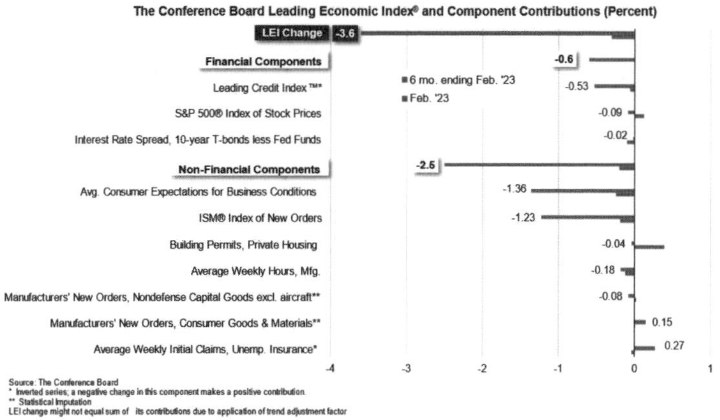


之所以選擇製造業作為參考，前文已經詳述。儘管製造業在美國整體經濟中的占比逐年下降，相較於服務業，比例低很多，但是，**由於製造業具有領先景氣的趨勢，因此能夠更早掌握景氣的轉折點**。

另一方面，當中的金融指數⑦標準普爾五〇〇指數（S&P 500），則是美國代表性的股價指數。根據世界銀行的統計，截至二〇一九年，美國有四千兩百六十六間上市公司，而標準普爾五〇〇指數是根據其中五百

## 二〇〇〇年後的美國景氣領先指標

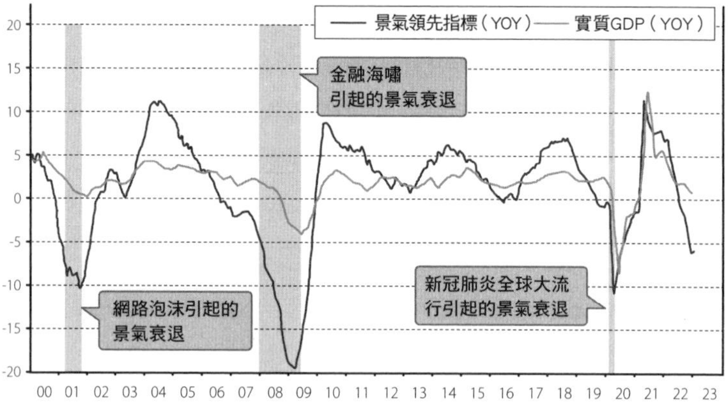


資料來源：美國經濟諮商理事會

間企業的股價構成的指數。當然，除了從四千兩百六十六間企業精挑細選出五百間企業，這項指數也會頻繁更替成分股。

此外，⑧領先信用（貸）指數是將美國的貸款狀況轉化為指數，包括美國的短期與長期利率的差異。這種利率差異在計算景氣領先指數時所占的權重相當大，約占一〇～一一％。

那麼，景氣領先指數能夠提供我們什麼資訊呢？它主要用於洞察**美國的經濟現狀**，也就是說，可以知道**景氣正處於擴張階段還是衰退階段**。

雖然景氣領先指標對市場有一定的影響，但出人意外的是，它對短期市場波動的影響並不大。因此，對於進行當沖等超短期交易的投資人來說，這可能不是一項很重要的經濟指標。

但是，對於進行外匯交易與股票投資，投資期間在半年到兩年的中長期投資人來說，景氣領先指標則是極為重要的經濟指標。

# 14 OECD綜合領先指標

## 率先掌握全球經濟動態

經濟合作暨發展組織（Organisation for Economic Co-operation and Development，縮寫為OECD）也有編製、發表景氣領先指數，稱為**「綜合領先指標」**（Composite Leading Indicator，縮寫為CLI。Composite的意思就是「綜合」）。這項指數從一九七〇年代就開始計算編製，可以幫助我們提前辨識出景氣循環的轉折點。

經濟合作暨發展組織的總部位於法國巴黎，以歐洲為主，包含美國、日本等全球三十八個主要先進國家。

OECD綜合領先指標每月公布一次，由於經濟合作暨發展組織屬於全球性組織，因此編製指標時，會納入各個國家地區的指數。具體而言，OECD地區包括歐元區、美國、日本、德國、法國、義大利、英國、巴西、加拿大、印度、中國、印尼、俄羅斯、南非等。

這項指數的計算基礎是工業庫存率、進出口比率、新屋開工件數、股價指數等，據稱**比GDP等指標領先約六個月**。基本上，我們可以將它視為預測世界經濟動向的工具。

然而，不禁讓人懷疑的是，這項指數涵蓋的國家、地區等，是否都會提供相同品質的資訊。因此，實際上檢視這項經濟指標時，有時可能很有幫助，但有時卻不太幫得上忙。這是因為它的準確度有一些不確定的因素，所以最好當作參考就好。

這項指標對市場的影響幾乎可以說是「零」。儘管這項指數自一九七〇年代以來就開始計算，但它的變動幾乎對股價、利率或匯率都沒有明顯的影響。

只不過，對於活動範圍遍及各國的**政治人物、全球投資人與大型企業集團的經營者**來說，這項指標仍然是重要的判斷參考，有助於思考未來經濟發展的趨勢。

# 15

# 全國企業短期觀測經濟調查（日銀短觀）

## 關注日本大企業暨製造業的景氣信心指數

這項經濟指標又稱**「日銀短觀」**，在日本以外的國家也相當知名，有時甚至會直接用日語發音「TANKAN」（短觀）來稱呼。

它的正式名稱是「全國企業短期經濟觀測調查」，如同其名，這指的是針對日本全國一萬間企業經營者所做的問卷調查。調查週期為每季一次，結果分別於四月初、七月初、十月初與十二月初公布。

日本經濟指標的特徵是分類相當精細，日銀短觀也不例外。日銀短觀根據資本額分為大型企業（資本額十億日圓以上）、中型企業（資本額一億以上，十億日圓以下）、小型企業（資本額兩千萬以上，一億日圓以下），而且行業分類也極為細微。

問卷內容涵蓋國內外產品、商品與服務的供需動態、庫存水準、雇用人數、融資、金融機構的放款態度、銷售價格、採購價格等，並且將回答數據化。舉例來說，針對融資的問題來說，這份調查會**根據回答「輕鬆」與「困難」的比例來計算，得出所謂的「擴散指數」（Diffusion Index，縮寫為 DI）**。

在眾多擴散指數中，最受關注的是**「景氣信心指數」**。這是根據「認為景氣良好」的企業比例，和「認為景氣很差」的企業比例相減所計算出來的指數。如果認為景氣良好的企業愈多，指數的正值就愈大；反之，如果認為景氣很差的企業愈多，指數的負值就愈大。其中，最要關注的是**「大企業暨製造業」的景氣信心指數**。

順便一提，從過去的景氣信心指數變化來看，大企業暨製造業最沒有信心的時候，是在金融海嘯發生沒多久的二〇〇九年三月，當時的指數是負五十八。此外，在新冠疫情爆發後的二〇二〇年六月，指數也出現明顯下滑的趨勢，甚至落到負三十四，之後才漸漸回升，於二〇二一年九月上升到十八，而二〇二二年十二月則為七。

---

至於大企業暨非製造業的景氣信心指數，在二〇二二年十二月的數字是十九，和大企業暨製造業的數字相比，略有改善的趨勢。製造業受到全球供應鏈斷裂、半導體短缺、原物料價格上漲等多重負面因素所衝擊，但是，另一方

日本大企業暨製造業的景氣信心指數變化（1974年以後）

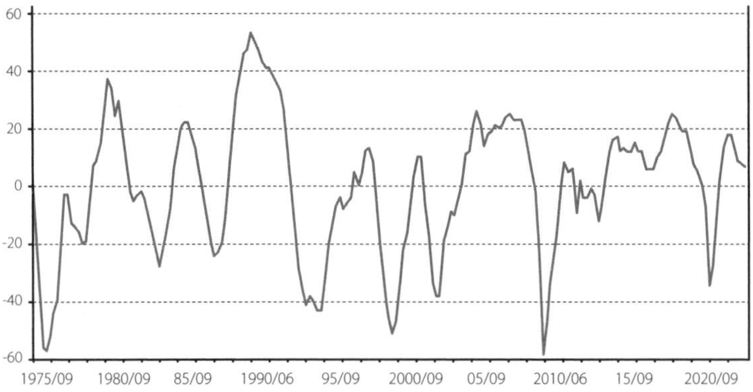


資料來源：日本銀行

面，服務業則是因為新冠疫情的防疫措施解封，反而呈現出景氣復甦的傾向。

## 和中小企業景氣信心指數連動的股價指數

這項統計數據相當有趣，因為它和股價有關聯。**尤其，從中小型股的股價趨勢來看，中小企業的景氣信心指數具有某種程度的領先指標性質。**

根據二〇二二年中小企業的景氣

信心指數，製造業的狀況非常嚴峻，全年指數都呈現負值。雖然，當年非製造業的指數也一直都是負值，但是九月公布的數字卻轉為正值。儘管景氣信心指數也只上升到二，但是觀察東證 Mothers 指數會發現，二〇二二年九月雖然呈現下跌趨勢，但在十月三日以六百八十一・〇六點觸底，並且在十二月一日回升至八百一十三・七九點。

從這一點來看，**日銀短觀的指數可視為股價的領先指標**。此外，日銀短觀是由日本銀行編製並公布，數值高低很有可能影響金融政策。因此，它對利率與匯率也可能產生影響。

不過，如同前文所述，要關注景氣指數只要看「大企業暨製造業的景氣信心指數」就夠了，基本上媒體也多半是報導這項指數。

# 16 長短期利率

## 負斜率是經濟衰退的警訊

不同期限的利率關係也會反映出景氣趨勢。

以兩年期和十年期的利率來說，哪一個年期的利率比較高呢？

在一般的情況下，**十年期的利率會比兩年期的利率更高**。因為，這是把「兩年後返還本金」和「十年後返還本金」來做比較，相較之下，十年後無法返還本金的風險當然更高。

因此，當經濟發展順利的時候，由於長期投資不確定是否能返還本金的風險比較高，十年期的利率會比兩年期的利率更高。

像這樣，長期利率高於短期利率的情況就稱為**「正斜率」**。

然而，這種關係時不時會反轉，也就是說，兩年期的利率有可能超過十年期的利率。這就稱為**「負斜率」**，是一項非常可靠的經濟領先指標。

為什麼兩年期利率和十年期利率的數字會反轉呢？舉例來說，**當大眾都認為未來景氣將會惡化，自然預期未來的利率會下降**。在預估利率可能下降的情況下，投資人傾向把資金投入長期、固定提供高利率報酬的標的。因此，他們可能會出售兩年期標的，轉而投資十年期標的。

---

利率的升降基本上取決於資金的供需平衡。如果想要運用資金的人愈來愈多，資金的供應便超過需求，因此利率下降。相反的，如果想要籌措資金的人

## 負斜率與景氣衰退

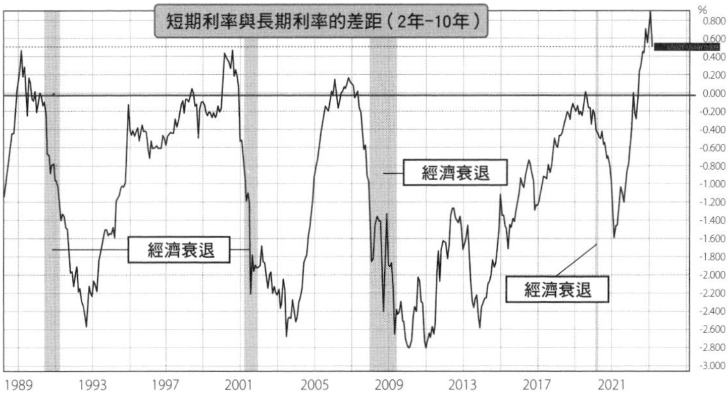


資料來源 ： TradingView

愈來愈多，資金的需求就超過供應，因此利率上升。

換句話說，**當景氣前景不佳時，投資十年期標的的資金充裕，而投資兩年期標的的資金短缺，導致兩年期利率上升，而十年期利率則下降，從而產生負斜率的現象。**

因此，一旦出現負斜率，通常代表在六個月至十五個月期間，經濟將進入衰退期。

# 17 波羅的海運價綜合指數

## 呈現世界經濟蓬勃程度的指標

接下來要討論的是一項比較專業的指標。

但簡單來說，這是將**「貨船的運費」**指數化的指標。

當世界經濟蓬勃發展，跨國物流增加，貨船的需求也隨之增加。

然而，即使物流的需求增加，像貨船這樣規模龐大的船隻，不可能立即建造出來。也就是說，由於市場對貨船的需求增加，供給卻無法馬上增加，**運費便急劇上漲**。因此，這項指數可以說是對全球經濟變化很敏感的指標。

波羅的海運價綜合指數中的運費，是將運送稱為**「散裝乾貨」（Dry Bulk）**的各式各樣原物料的貨船運費平均價格化為指數所得出的數值。這些貨船經常使用的航線大約有二十條左右，指數中的運費，就是計算經過這些航線的貨船運費得出的平均值。

---

波羅的海運價綜合指數是近年非常受到關注的經濟指標。它的歷史悠久，可追溯至十八世紀的一七四四年。接下來我會簡單說明這段歷史。

最初，在波羅的海從事貿易的商人、船公司員工與水手，會在倫敦的「維吉尼亞與波羅的海咖啡館」定期聚會，不只交流各種意見，也會締結合約。

到了十九世紀，這些聚會轉變成更正式的組織，並且於一九〇〇年成立波羅的海貿易暨航運交易所。於是，組織持續計算的波羅的海運價綜合指數，在一九九九年形成目前的形式。

可能有人沒聽過前文提到的「散裝乾貨」這個詞，我簡單解釋一下。所謂的散裝乾貨船，是指將鐵礦、煤炭、穀物、鋁塊、銅礦石等各種資源，不額外包裝直接放在船上運輸的船隻，也稱為「大宗貨物船」。這個名稱源自於將大量乾貨（Dry Cargo）等未經包裝的貨物以散裝形式運輸，故稱為「散裝乾貨」。

因此，以貨櫃裝箱運輸或是運送石油的油輪等，並不包含在波羅的海運價指數中。而是透過**「貨櫃運價指數」**或**「原油運價指數」**等，和波羅的海運價綜合指數分別以不同的指標來編製、公布。

**波羅的海運價綜合指數的重要性在於，它對景氣趨勢變化的敏感反應**。煤炭是能源，而鐵礦石、鋁塊、銅礦石等則是製造業不可或缺的原料。

換句話說，當景氣轉好且經濟活動蓬勃發展時，散裝船運輸的貨物將不斷增加。然而，如同前文所述，要建造用來運輸這些貨物的「船隻」，需要耗費非常多時間與成本。所以即使運送的貨物量增加，市場對散裝船的需求上升，也無法立即建造船隻來增加供給量，因此運費會迅速上漲。相反，需求減少時，波羅的海運價綜合指數也將迅速下跌。就某種意義而言，可以把它視為**全球經濟的一項領先指標**。

但是，需要注意的是，波羅的海運價綜合指數畢竟是由船隻運費計算而成，不只會受到全球經濟動態影響，也可能受到其他因素的影響而大幅波動。舉例來說，二〇二一年九月，波羅的海運價綜合指數大幅上升。然而，這不是全球經濟處於絕佳狀態所造成，波羅的海是因為全球物流受到疫情影響而惡化，導致指數大幅上升。

此外，當美國針對中國進口商品大幅提高關稅政策時，為了在政策實施前，盡可能將大量商品送往美國，散裝船的短期需求增加，從而導致指數上升。

由於波羅的海運價綜合指數具備這種特性，當指數急劇上升或突然下跌時，建議要仔細調查背後的成因。

另外一項重點是，和景氣密切連動的波羅的海運價綜合指數，通常會比股票價格提前兩到三個月出現變動。

# 18 中國的經濟指標

## 數據不可靠的中國，就觀察恆生指數

在本章最後，我們將討論美國與日本以外國家的經濟指標。以經濟規模來看，繼美國之後的國家是中國，然而中國的經濟指標卻不完全可靠。雖然不能完全忽視，但在中國這樣由共產黨一黨獨大的國家，政府可以面不改色的操縱經濟指標數字，就是要為了防止人民對共產黨政權的不滿情緒升高。

即使出現極佳的數字，也會令人懷疑是不是「數據造假」；反過來說，當出現經濟衰退的警訊時，人們也會認為「實際情況是不是比表面更糟糕呢」。因此，中國的經濟指標被認為缺乏可信度。

儘管如此，我們可以使用替代方案，觀察不是由中國政府、而是由其他機關編製與公布的數據。

有一間名為HIS Markit的民營調查公司，*和摩根大通（JPMorgan Chase & Co.）等全球金融機構合作，制定各國的採購經理人指數（PMI），稱為**「Markit PMI」**；我們可以觀察其中的中國採購經理人指數。此外，總部位於香港的全球金融集團匯豐銀行，也會發布中國的採購經理人指數。

當然，中國政府也有編製並公布中國的採購經理人指數，但是基於前文所說的種種因素，一般認為單純由民營企業來統計的Markit PMI，或是匯豐銀行編製的採購經理人指數，都更值得信賴。此外，Markit也蒐集來自三十個國家採購經理人的調查問卷，來編製並公布全球的採購經理人指數。由於這三十個國家的製造業占全球製造業產量近九成，可以說它已經涵蓋具有參考價值的實際情況。

此外，**如果要了解中國的經濟現況，觀察股價漲跌**也不失為有效的方法。一般認為，由眾多市場參與者的評估結果而形成的「股價」，遠比中國官方公布的數字更具參考價值。中國股市指數不僅包括上海綜合指數等，由中國當地證券交易所計算出來的指數，還包括**香港恆生指數**，這是由從英國統治時期以來統計至今的指數。我個人認為**比較能真實反映中國經濟實際情況，在判定中國經濟時應該觀察的是香港恆生指數**。

* 譯注：二〇一四年成立，總部位於英國倫敦，為全球商業資訊諮詢服務的多元化供應商。

恆生指數在二〇一八年一月達到歷史最高點的三萬三千四百八十四點後，在二〇二〇年三月受到新冠疫情衝擊，下跌至兩萬一千一百三十九點。二〇二一年二月，指數再次回升至三萬一千一百八十三點，但之後持續下跌，到了二〇二二年底，落到一萬四千五百九十七點，和歷史最高點相比，下跌達五六．四%。

**根據過去的市場經驗法則，當金融危機爆發時，股市指數通常會從高點跌掉到半數以下**。因此，從香港恆生指數來看，可以佐證中國已經發生嚴重的金融危機。

順便一提，之所以觀察香港恆生指數而不是上海綜合指數，是考量到**市場信任度的問題**。

中國的GDP規模確實位居全球第二，但當地金融市場仍然不夠成熟。儘管上海綜合指數顯示的是當地市場的股價走勢，上海與深圳的股票市場，卻依

## 恆生指數

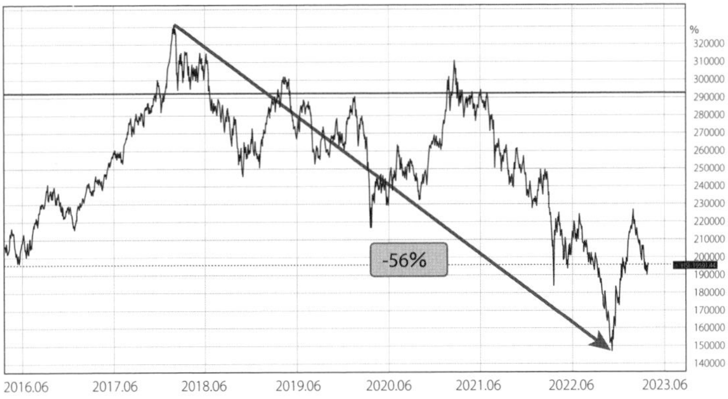


資料來源 ： TradingView

然限制全球投資人自由買賣股票。

從這個觀點來看，香港的股票市場是對外開放中國經濟的門戶，任何投資人都可以進入。因此，香港的股票市場形成的股價，相較之下不受中國政府的干預，我認為更能夠**直接反映出全世界對中國經濟的評價**。

# 19 德國的經濟指標

## 占歐元區三分之一經濟規模的三項德國指標

繼中國之後，我們要討論**歐洲的經濟大國德國**。

德國的經濟指標當中，最需要重視的是**「工業生產指數」**。基本上，這和看美國與日本的經濟指標概念相同。

必須關注德國工業生產指數的原因在於，**德國的經濟規模就占歐元區整體GDP的三分之一**。如果要說全球三大出口國，就是中國、日本與德國。德國的重要性在歐元區自不用說，就全球來看也占有相當大的比例。

此外，就國與國之間的關係而言，**德國與日本一樣，都和美國的關係非常緊密**。因此，為了掌握德國經濟的狀況，首先需要了解工業生產指數的水準。

## 和美國ＩＳＭ製造業景氣指數關聯性很強的指標

看過工業生產指數後，接下來必須觀察**「ＩＦＯ商業景氣指數」**。

這是德國ＩＦＯ經濟研究所每個月公布，用來顯示德國內部景氣狀況的一項經濟指標。這項指標從一九四九年就開始統計，歷史相當悠久，因此被視為是可信度相當高的經濟指標。

具體來說，這項指標針對製造業、建築業、批發業與零售業，進行現況與未來六個月的預期調查。大約有九千間企業參與問卷調查，每個月底會公布調查結果。

由於德國的經濟規模在歐元區占有龍頭地位，德國景氣的興衰對整個歐元區都有不小的影響。因此，我們可以說，ＩＦＯ商業景氣指數**不僅對德國國內影響深遠，甚至對整個歐元區都有舉足輕重的影響力**。

此外，由於調查結果在當月就會公布，因此可以更及時掌握企業對景氣的預期。

如同前文所述，ＩＦＯ商業景氣指數除了提供當前的數據，也會公布企業對未來六個月的期望值。尤其是後者，據說還能提前兩到三個月反映歐元區製造業的動向。因此，如果是歐洲股市的投資人，就務必要關注ＩＦＯ商業景氣指數。

另一個有趣的特點是，這項指數**和美國ＩＳＭ製造業景氣指數的關聯性相當高**。當美國ＩＳＭ製造業景氣指數上升時，大約半年後，德國的ＩＦＯ商業景氣指數也會跟著上升。

## 因為希臘國債危機而改變的金融與貨幣政策

談到德國，就不得不提到他們的央行**德國聯邦銀行（Bundesbank）**，以及德國的消費者物價指數。換句話說，掌握央行和通膨之間的關係也非常重要。

德國聯邦銀行對抗通膨的意志十分強硬，因而以**「通膨鬥士」**聞名。會有這樣的態度很可能源於第一次世界大戰，德國因為戰敗國身分而背負巨額賠款，導致國內發生惡性通膨（hyperinflation）。

當時的惡性通膨究竟有多嚴重，從數年間物價暴漲一兆倍便可見一斑。結果導致納粹勢力崛起，世界隨之陷入第二次世界大戰。

德國基於這段慘痛經歷，以嚴謹的態度面對通膨，一旦消費者物價指數超過二%，便實施嚴格的貨幣緊縮政策，徹底摧毀通膨的種子萌芽。

然而，我們不容忽視他們對通膨的嚴格態度，可能在歐洲統一貨幣時形成障礙。在採取貨幣單一政策前，歐洲各國有自己的貨幣單位，如德國馬克、法國法郎、義大利里拉，但是自一九九九年一月，各國貨幣便統一為「歐元」。既然歐盟成員國使用同一種貨幣，歐元區基本上需要採取相同的金融與貨幣政策。這表示，其他成員國也必須接受德國強硬抵抗通膨的金融與貨幣政策。

然而，歐盟各國的經濟水準並不相同，有些國家富裕，有些國家貧窮。如果是為了刺激經濟，需要實施貨幣寬鬆政策的國家，卻被迫配合德國嚴格的貨幣緊縮政策，就會導致國家經濟急劇衰退。歐元的矛盾就此持續加劇，最終形成二〇〇九年希臘危機與歐洲債務危機。

以前態度嚴謹的德國可能會選擇切割希臘，讓他們退出歐元區。但是，在金融海嘯之後，歐洲中央銀行便允許大幅的貨幣寬鬆政策，提供資金給陷入困境的國家。從這起事件可以看出，德國聯邦銀行在貨幣與金融政策的立場，也發生一些變化。

## 掌握法人觀點的經濟指標

還有一項經濟指標在德國備受關注，那就是**「ZEW經濟景氣指數」**。

ZEW是指德國的歐洲經濟研究中心（Zentrum fur Europaische Wirtschaftsforschung），ZEW經濟景氣指數是預估未來六個月景氣的指標。基本上，當數字超過五十，代表對經濟抱持樂觀看法，如果低於五十則代表對經濟抱持悲觀看法。

這項經濟指標也是每個月進行問卷調查，並且於月中公布結果。儘管它因為及時性很高而受到關注，但有趣的是問卷調查的對象。這類問卷通常針對企業經理人做調查，但是，ZEW經濟景氣指數的調查對象，則是約三百五十名分析師與法人。

這項指標對市場幾乎沒有影響。但是，由於調查對象是法人，因此對於掌握他們的心理狀態與注目焦點而言，就會相當有用。

# 20 印度的經濟指標

## 即將超越中國的「巨象」實力

中國之所以能在全球經濟中占有一席之地，原因在於龐大的人口數。他們利用比先進國家更低廉而充裕的勞動力，培育出勞動密集型產業，成為儼然的「世界工廠」。

然而，隨著勞工薪資逐漸上升，世界工廠逐漸喪失吸引力。現在，中國挾帶十四億兩千五百八十九萬（二〇二二年七月一日的資料）的人口優勢，不再試圖成為生產物品的世界工廠，而是要利用全球最大消費市場的地位來保持經濟成長。但是，這種策略是否能夠成功呢？

根據聯合國二〇二二年七月發表的《二〇二二年世界人口展望》，預估**二〇二三年印度人口將超越中國，成為全球人口最多的國家**。*

此外，中國未來可能面臨生育率下降、生育年齡人口減少、高齡人口比率上升等問題，如果中國採取的人口成長政策未能奏效，和印度的人口差距可能只會愈來愈大。

**印度經濟的獨特之處在於，經濟發展模式和日本、中國、臺灣、韓國等國都截然不同**。

日本躋身為先進國家的過程，是透過出售礦產資源而獲得資金，培育富岡製絲廠等生絲產業，將布料出口到世界各地，並且扶植製造織布機的企業，像是豐田自動織布機公司就踏入汽車生產領域。於是，日本工業經濟的規模因此擴大，最後轉向服務業。這就是日本經濟崛起的過程，中國、韓國與臺灣等國的情況也大同小異。

然而，印度的經濟發展模式卻完全不同。印度跳過工業化的過程，**直接建立以服務業為核心的產業結構**。

主因在於，大多數印度人都能以英語溝通。由於長期以來受到英國統治，教育與法律制度都以英國的規範為基礎，並且遵循至今。因此，印度不需要經歷工業化來強化國家經濟實力，**就能夠立即吸引歐美先進國家，將印度作為資訊科技企業程式設計技術的據點，發展數位產業**。如今，印度已經成為資訊科技產業的外包國，並確立牢不可破的地位。

* 編注：根據聯合國的統計，印度人口已經在二〇二三年四月正式超越中國，成為全球第一大國。

伴隨著這股趨勢，娛樂、醫療與金融等服務產業也開始發展。

當然，印度政府並不認為孤注一擲扶植服務業就能推動經濟，所以也開始注重發展製造業。儘管在發展製造業的同時，印度面臨一些挑戰，例如道路與電力等基礎設施不完善，以及缺乏原油等問題。不過，印度人大多都具備英語能力，和其他國家相比，這是一項巨大的優勢。此外，由於印度人口相當年輕，未來的發展前景仍然令人期待。

順帶一提，目前印度的ＧＤＰ中，服務業占六成左右，製造業約占兩成。從這些數字來看，就目前而言，印度的製造業比例和日本與中國相較也可以說是毫不遜色。

綜上所述，以未來發展潛力而言，印度的經濟發展非常值得關注，然而，目前並沒有太多值得關注的經濟指標項目。

實際上，日本可取得的經濟指標非常有限，印度也沒有類似美國景氣領先經濟指標的綜合指標。

目前比較容易取得的經濟指標，雖然只有「工業生產指數」與「消費者物價指數」等，如果能夠取得相關數字資訊，定期關注仍然很有意義。*

* 編注：除了外電、新聞媒體報導或網路搜尋，讀者也可以上中央銀行網站查閱「中央銀行季刊」與「中央銀行年報」，其中都有收錄印度的經濟發展與貨幣政策分析，以及各項經濟指標數字，如經濟成長率、失業率與消費者物價指數年增率。

# 21 巴西的經濟指標

## 印度以外值得關注的新興國家

除了印度，另一個值得關注的新興國家是巴西。

巴西具備相當獨到的特徵，是金磚國家的成員國，* 雖然經常因此被視為新興國家，但實際上擁有許多引人注目的企業。

* 譯注：最初為巴西（Brazil）、俄羅斯（Russia）、印度（India）與中國（China），合稱為金磚四國（BRIC），二〇一〇年南非（South Africa）加入成為金磚五國（BRICS）。二〇二四年，阿根廷、埃及、衣索比亞、伊朗、沙烏地阿拉伯、阿拉伯聯合大公國加入，形成金磚十一國。

舉例來說，巴西除了有飛機製造商**巴西航空工業公司（Embraer）**，還涉足太空產業，並且在乙醇工業中處於領先地位。巴西也有大量使用乙醇燃料取代汽油的汽車，達到百分之百的能源自給自足率。

此外，亞馬遜河流經國土，為巴西帶來豐富的自然資源。截至二〇二二年，巴西人口已經達到兩億一千五百五十一萬人。

儘管面臨貧富差距大、政治不穩定，以及相應而生的治安不佳等課題，但是，面對網路科技泡沫、金融海嘯等**來自先進國家（特別是美國）的金融動盪**，**巴西比較不容易受到影響**，這是他們的獨特之處。正因為全球經濟是以先進國家為中心組成，當全球經濟衰退時，巴西比較不容易受到影響，在進行跨國分散投資時值得納入標的。

如果要從總體經濟的角度來看巴西，**工業生產指數是相當重要的經濟指標**。

此外，為了評估巴西經濟狀況的基本利率，巴西的中央銀行還會公布一項經濟指標名為**「巴西經濟活動指數」（IBC-Br）**。這項經濟指標包括GDP變動趨勢、進口產品，以及農業、工業與服務業的成長預測等各方面數字，數值愈高，代表巴西的經濟愈活躍。

第 4 章

# 解讀景氣時，可以當作參考指標的企業

## 半導體相關產業對景氣變化最敏感

第二章說明過「耐久財訂單」。耐久財指的是耐用年限超過三年，很少需要更換的商品，例如製造業製造產品時需要用到的機械等。

企業在策劃新產品並推出市場前，需要進行一連串的步驟，包括①訂定計畫、②請上級批准計畫、③修訂預算、**④下訂單購買製造產品所需的原物料與機械等**，這樣才算是做好製造產品的準備。

其中的階段④，例如**向機械製造商下訂單購買製造產品所需的機械，在製造商接下訂單的階段，就會列入「耐久財訂單」**。

耐久財包含各式各樣的產品，例如前文提到製造產品時所用的機械，還有汽車、飛機、家具等。在這些耐久財當中，最便宜的是智慧型手機、平板電腦與個人電腦等電子產品。和其他耐久財相較之下，這些產品的價格較低廉，正是因為製造技術日新月異，消費者總是會追求最新規格的產品。

電子產品都因為這項特性，擺脫不了**生命週期短暫的命運**。對於只要有最新款上市就換新手機的人而言，使用三年可能已經算是很長了。

像這類**替換週期短暫的耐久財，一般認為能夠強烈反映經濟走勢**。然而，如果要說觀察智慧型手機或個人電腦的訂單趨勢，就能及早抓住景氣轉折點，實際上卻不是如此。這是因為在更早的階段，有一項資訊能夠讓我們提前看出耐久財訂單的轉折點，並且把握經濟變化的預兆。

那就是**「半導體」**。製造智慧型手機與個人電腦，必須使用大量半導體。理所當然，如果更換或購買智慧型手機與個人電腦的需求減少，在這之前，市場對半導體的需求應該就會大幅下降。

在說明經濟指標時，經常會出現「週期性」這個詞，指的就是**景氣的循環變動**。儘管景氣總是會根據「繁榮→衰退→蕭條→復甦」的週期循環，但是，半導體受到這種景氣循環的影響最明顯。

因此，觀察半導體相關的訂單趨勢，可能更容易及早把握景氣的轉折點。

## 注意東京威力科創最早顯現的動向

提到半導體相關企業，各位可能最先想到的是大型半導體製造商。

目前的全球半導體製造商包括英特爾（Intel）、三星、高通（Qualcomm）、德州儀器（簡稱德儀，Texas Instruments）、輝達（NVIDIA）等。來自臺灣在熊本設廠而備受矚目的台積電，則是承接來自這些半導體公司的委託，負責製造半導體元件的「晶圓代工廠」。

雖然半導體是由這些企業製造，為了及早了解半導體的發展動向，還需要更進一步掌握半導體製造的**「前期動向」**。

由於當前半導體需要非常精細的操作，無法由人工完成，必須使用稱為**「半導體製造設備」**的機械。因此，**觀察半導體製造設備的銷售動向，可能更容易掌握經濟週期的轉折點**。

目前，在半導體名列前茅的企業，包括全球營業額最高的三星在內，都是由日本以外的企業包辦。三星二〇二一

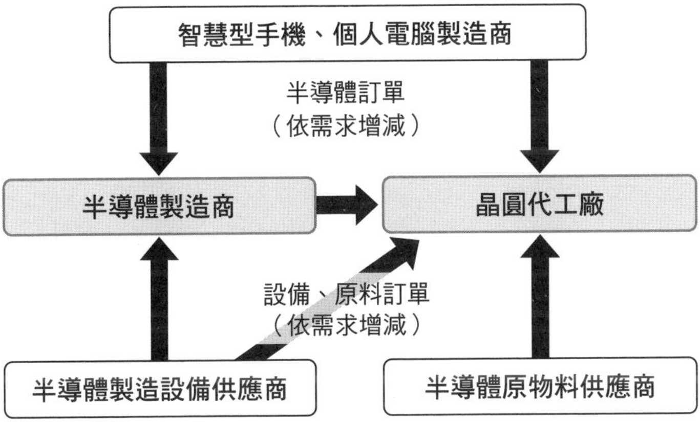

年半導體業務營收為七百五十九億八千萬美元。*

順便一提，直到一九九〇年代，大多數半導體企業都是日本公司，但是受到「日美半導體摩擦」†等貿易爭端的影響，日本半導體公司在全球的市占率大幅下降。二〇二一年，營收最高的日本半導體公司是鎧俠（Kioxia），營收為一百二十九億四千八百萬美元，僅有三星的六分之一。

儘管從全球的角度來看，日本的半導體公司處於相當不利的地位，但是，**在半導體製造設備等半導體周邊業務方面，日本公司依然具備競爭優勢**。以東京威力科創這間公司來說，在半導體製造設備的領域坐擁全球第三大市占率，市值七兆日圓。

東京威力科創的營收為兩兆日圓，並計畫在二〇二七年三月實現三兆日圓的營收，以及超過三五%的營業利益率。在未來五年內，他們將投入超過一兆日圓的研發費用，並且在最先進的領域拓展市場。

在財務方面，這間公司的有息負債為零，也就是說，他們是以零債務的狀態在經營，且自有資本比率達七成。此外，他們的股東權益報酬率（ROE）為三七・二%，資產報酬率（ROA）為二三・一%，現金殖利率為三・二七%（數字取自《企業四季報二〇二二年秋季號》）。由於股價相當高，並不是散戶能夠輕鬆投資的公司，但這無疑是一間優良的企業。

在國外有一間公司和東京威力科創很相似，那就是荷蘭的**艾司摩爾公司（ASML）**。這是一間總部位於荷蘭西部費爾德霍芬（Veldhoven）的半導體設備製造商，是全球最大的半導體曝光機製造公司。艾司摩爾在全球十六個國家設

* 編注：根據 Counterpoint 科技市場調查公司（Counterpoint Technology Market Research）的統計數字顯示，三星二〇二二年半導體業務的營收約為七百零二億美元，二〇二三年的營收則減至四百三十四億美元。詳見：https://www.counterpointresearch.com/insights/global-semiconductor-revenues-decline-8-8-in-2023-ai-promises-gains-in-2024/。

† 編注：發生在一九八〇年代後期到一九九〇年代前期，由於日本半導體企業在全球的市占率超過五成，美國半導體產業感到威脅，美國也深受大幅貿易逆差困擾。兩國不斷起衝突與摩擦，最終經協調後立下協定，日本不得以低於規定金額的價格傾銷商品，也必須開放國內市場，讓外資進駐。

有超過六十個據點，在日本也有子公司。艾司摩爾幾乎壟斷半導體曝光機的市場。*

順便一提，半導體曝光機使用一種稱為**「浸潤」**的技術。最初，這種浸潤式微影技術是日本尼康公司（Nikon）擁有的專利，當時他們在微影設備的全球市占率曾經高達五〇%，而佳能（Canon）則為二五%。然而，據說美國對於日本在半導體領域的崛起抱持危機感，因此選擇和艾司摩爾公司合作，共同創造現在的全球市占率。**如果要掌握半導體產業的全球動態，觀察東京威力科創與艾司摩爾公司的業績、股價等，可以大致了解情況。**

那麼，東京威力科創與艾司摩爾又是將產品交付到哪裡呢？答案是台積電。正如前述，台積電接受來自世界各地半導體公司的訂單，實際上是製造半導體的公司。換句話說，台積電向東京威力科創與艾司摩爾購買半導體製造設備，是這兩間公司的重要客戶。

## 及時反映景氣變化的是 B2B 企業

如果要從企業活動的角度判斷景氣的轉折點，可以從三個觀點來看。

第一個觀點是，如前所述，透過產品的製造流程來把握景氣。製造流程的源頭是原料；石油、鐵礦石、貴金屬、稀有金屬等原料經過加工製成鋼鐵、水泥、其他材料，並且再次加工製造成各種零件。

以半導體來說，先從名為矽石的原料當中提煉出金屬矽，製成多晶矽，接著經由拉晶處理提煉出單晶矽，製成單晶矽棒，接著再將單晶矽棒裁切為薄片的「矽晶圓」，也就是半導體的基板。

* 譯注：艾司摩爾在新竹、臺中、臺南設置駐點辦公室，並在林口設有智慧製造中心，負責機台翻修與量測設備生產，並於臺南設有電子束檢測設備製造中心。

然後，矽晶圓表面形成積體電路，再將這些形成積體電路的矽晶圓切細，才完成我們一般說的半導體晶片。東京威力科創與艾司摩爾製造用在矽晶圓上形成積體電路的半導體設備，提供給半導體製造商。台積電使用這些半導體設備來製造半導體晶片。

這些製造完成的半導體晶片被嵌入智慧型手機、平板電腦、個人電腦、汽車等各種成

從上游的原料到下游的消費者

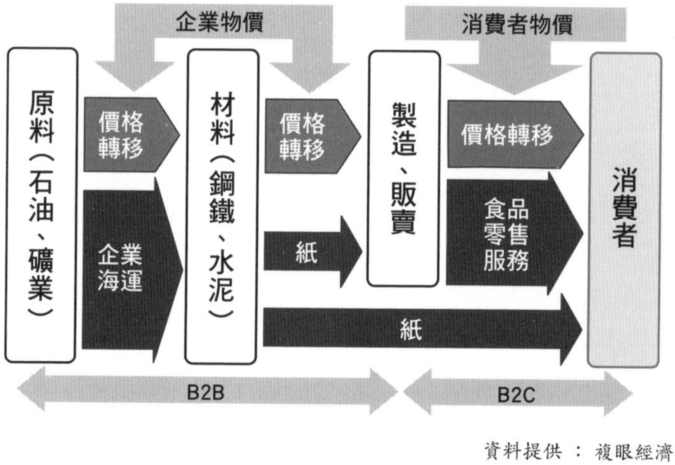


資料提供：複眼經濟塾

品中，才完成最終產品。最後，完成的產品陳列在零售店銷售，送達消費者手中。

製造流程整理如下：

**①開採原料**
**②將原料加工並製造材料**
**③將材料加工後製成零件**
**④將零件組裝成最終產品**
**⑤在零售商店中陳列產品**
**⑥最後由消費者購買**

所有產品都和這個製造流程大同小異。

步驟①～⑤的部分屬於Ｂ２Ｂ（business-to-business）交易，也就是企業之間的買賣。更進一步來說，將步驟①～⑤的交易對應的價格指數化，就形成**「企業物價指數」**

可能有人在觀察這個流程時已經注意到，即使美國的個人消費占ＧＤＰ六〇～七〇％，而且消費的動向對經濟活動產生重大影響，但是，**透過最終端消費者的行為而反映出來的景氣訊號，是相當落後的指標**。

但是，話說回來，儘管最終端消費者實際上到零售店購買商品的行為，是反映景氣變化的落後指標，但是，**消費者情感的變化，卻是反映景氣變化的領先指標**。

況且，在耐久財當中，尤其是智慧型手機、平板電腦，以及個人電腦等產品，由於價格相對較低、產品週期比較短，因此對於景氣變化的反應趨勢比較快。因此，我們才必須關注這些產品的原料，也就是「半導體」。

## 透過市場循環掌握景氣變化

掌握景氣轉折點的第二個方法，就是**觀察市場循環**。

世界上有各式各樣不同的「市場」，但我們這裡關注的是股價與利率。股價和利率之間的關係密切。

當股價因為不景氣而開始下跌時，政府將採取各種措施以刺激經濟，同時央行也會實施各種貨幣寬鬆政策，如調低政策利率等。* 結果，市場流通的資金增加，形成資金過多的狀態。因此，過剩的資金則會用於投資企業設備，或是流入股市當中，導致在不景氣的狀態下股價卻上升，這就是所謂的**「金融行**

* 譯注：政策利率是中央銀行提供資金給商業銀行時的利率，根據中央銀行的貨幣政策而定。通常央行會在景氣好的時候提高利率，景氣差的時候降低利率。

**情」**。

如果貨幣寬鬆持續，企業的業績將逐漸恢復，金融行情中所進行的設備投資也發揮效果。結果，企業業績的改善與好轉受到肯定，又進一步推升股價，這就是所謂的**「業績行情」**。

然而，當企業業績表現出色，個人消費迅速成長時，通常會導致景氣過熱，加劇通貨膨脹的問題。由於通膨會導致貨幣價值下降，央行為了避免這種情況，將逐步實施提高政策利率等貨幣緊縮政策，形成所謂的**「反金融行情」**。

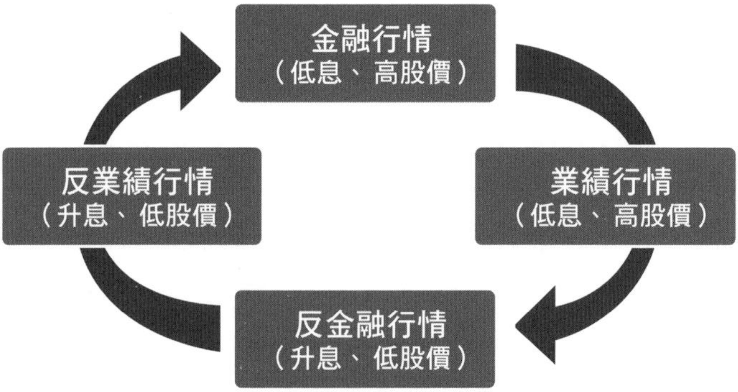

在反金融行情下，即使利率上升業績也不會受到太多影響的企業股票依然受到青睞，但是整體而言，多數股票價格已趨於穩定，股價即將轉為下跌。

隨著貨幣緊縮持續，景氣逐漸降溫，物價的上升也趨於穩定。此時的股市將反映企業業績惡化的狀況，許多公司的股價將下跌，這就是所謂的**「反業績行情」**。

因此，景氣就像這樣形成**金融行情↓業績行情↓反金融行情↓反業績行情**的循環，最後再次回歸金融行情。

## 景氣轉換時期的金融業動態

由於金融市場的變動通常是由中央銀行的貨幣寬鬆開始，這將成為**指示金融業動態的領先指標**。銀行與證券公司可以視為代表性的行業。由於貨幣寬鬆，企業籌募資金踴躍，銀行和證券公司的表現空間也擴大。

那麼，目前的狀況如何呢？以野村控股為例，根據**《企業四季報二〇二三年新春號》**的資訊指出，**「在市場方面，外匯交易熱絡，但股票表現疲弱。個人與投資銀行的回報低於預期，稅前盈餘下滑，甚至由盈轉虧。」**另外，大和證券集團總部也指出，**「併購與股票承銷恢復緩慢，個股與投資信託交易不振。市場下挫時間比預期更長，和前期相比，經常性盈餘下降。」**整體而言，證券業面臨嚴峻的環境。其他上市證券公司，也多數出現「盈餘下降幅度擴大」、「連續虧損」、「不如預期」、「盈餘持續減少」等詞語描述。

換句話說，《企業四季報》的評論中隱約透露出股市情勢相當嚴峻。實際上，自二〇二二年以來，股市波動不安，表現不佳。

那麼，銀行的情況又如何呢？大型銀行有時候會展現出領先指標的動向，以瑞穗金融集團為例，根據《企業四季報》指出，**「向大企業與海外提供融資**

**的狀況良好**」，特別是從「**向海外提供融資的狀況良好**」這一點可以得知，由於在日本國內難以賺取利差，銀行因此開始積極拓展海外市場。

而《企業四季報》也指出，三菱日聯金融集團「**也向海外擴展融資與投資銀行業務**」。

像這樣，大型銀行愈是積極在海外進行投資與融資活動，從日本流向海外的資金就愈多，外匯市場上就會出現日圓貶值、美元升值的情況。實際上，在二〇二二年十月，美元兌日圓的匯率就已經升至一美元兌一百五十一日圓。

那麼，為什麼後來出現日圓升值、美元貶值的情況呢？儘管以前資金不斷從日本流向美國等地，但近來美國經濟前景不樂觀、長期利率下降，以及股價不穩定等情況浮現。最終導致資金從美國等地流回日本，這就是日圓升值、美元貶值的原因之一。

### 《企業四季報》的負面字眼

**「盈餘下降的幅度擴大」、「連續虧損」、「下挫」、「盈餘持續下降」、「反轉下跌」、「持續下跌」、「盈餘大幅降低」、「由盈轉虧」、「苦戰」**

那麼，國外的金融機構又是什麼狀況呢？以**高盛集團與美國銀行（Bank of America）**為例。

有關美國企業的狀況，可以參考東洋經濟新報社發行的**《美國企業四季報》**。以下資訊皆取自《美國企業四季報二〇二二年秋冬號》。

以高盛集團來說，《美國企業四季報》描述的公司概況是：**「和VISA等國際品牌合作，加強支付業務。加速擴大非傳統商品範疇，如未上市股票」**；業績概況則提到：「二〇二二年上半年債券交易的仲介經紀業務表現強勁。在個人客戶經營方面，存款餘額有所增長，然而，股票與債券的承銷業務減少，投資銀行業務急劇減少。」

承銷業務指的是首次公開募股（IPO）。儘管二〇二一年是美國股市首次公開募股件數破紀錄的一年，但是也因為這一年表現超群帶來的反作用力，二〇二二年表現疲軟。同時這也表示，美國國內經濟不佳，市場環境也一片低迷。

此外，《四季報》中還提到**「股票的市值評價下降，資產管理業務大幅減少」**，這表示資產運用方面的餘額大幅減少。此外，報告還指出，**「儘管準備金增加，人事成本削減，淨利依然減少了四成。雖然下半年個人與市場業務的表現穩健，但未能提振投資銀行與股票相關業務，預計全年盈餘將大幅減少。」**和日本證券業一樣，美國代表性的金融機構也面臨艱困的挑戰。

接著來看看美國銀行的狀況。企業概況中提到**「美國三大銀行之一。廣泛提供銀行、投資、資產管理、財務與風險管理的產品與服務。……個人存款的市場占有率居全美第一，信用卡排名第三」**。

美國銀行最重要的是**信用卡業務**。原因在於，信用卡的使用率會隨著景氣狀況而發生變化。當景氣狀況好轉時，消費活躍，信用卡的使用率上升；相反的，當景氣不佳，消費減少，信用卡的使用率下降。

經營業績概況指出，**「二〇二二年上半年併購相關收入大幅減少，同時評價也下滑，非利息收入減少。但是，由於升息，利息所得增加，營收也跟著增加」**。畢竟這是一間銀行，利息上升對業績而言是有利的因素。

然而，報告中也指出**「由於還保有用來做研究調查的準備金，非利息費用和**

**去年相比，保持在差不多的水準；但是沒有前一年備抵呆帳轉入帶來的收益，使得利潤減少。雖然下半年利息所得增加，但非利息收入微薄。整體來看，全年營收與盈餘都將下降」**。換句話說，儘管利息上升，但從整體業績來看，仍然面臨困境。

如此看來，就當時高盛集團與美國銀行的狀況而言，美國整體前景依然嚴峻。

但是，**對股票投資人來說，正是在這種艱困的時期，才會潛藏投資的機會**。尤其當《企業四季報》刊載的描述都顯示狀況嚴峻時，通常代表市場已經觸底，或者接近觸底。所以，當《四季報》的正面評論付之闕如時，**反而可能是買進的好時機**。

## 以價值鏈掌握經濟轉折點

很多人可能聽過供應鏈（supply chain），卻未必熟悉「價值鏈」（value chain）。

供應鏈是指從產品原料到零件採購、製造、流通、銷售的流程，而從商品製造到販售為止，整體流程的管理與最佳化，就稱為供應鏈管理。

相對的，**「價值鏈」**則是針對產品原料、零件採購、製造、流通與銷售的過程，去掌握每一項流程能夠「創造什麼價值」以及「具備哪些優勢與劣勢」。

當然，對於創造巨大價值的活動，重要的是如何維持與加強價值；如果其中出現無法創造價值的活動，就得考慮停止，或是檢討如何提高效率。為了做出判斷，我們需要具備價值鏈的思維。

以**日本製鐵**為例。無需多加說明，這是日本代表性的製鐵公司。《企業四季報》指出，**「日本製鐵的粗鋼生產量名列日本第一、全球第四，並以其卓越的技術和高級鋼板而聞名。於二〇一二年和住友金屬工業合併而成立」**。從全球的角度來看，這也是一間非常重要的企業。

在商業領域方面，我們來看看**三井物產**。這間公司的特點包括**「鐵礦石與原油的可開採量遙遙領先，並具有基礎設施方面的優勢」**。在績效方面，公司盈餘連續成長，**「儘管澳洲鐵礦石價格下跌，但是，由於原油與天然氣價格攀升，能源事業得以擴展。北美汽車、天然氣供應、肥料銷售業務也依舊強勁。由於匯率效應，淨利成長超過預期。預估二〇二四年三月期間，資源市場趨於平穩，煤炭事業趨緩，導致淨利衰退」**。

從這些描述中可以判斷得知，目前的資源價格對業績帶來重要貢獻。然而，鑑於資源價格在二〇二四年三月期間可能會趨於平穩，並且煤炭業務發展放緩，業績可能會略微下滑。

接著讓我們看一下美國企業，以**陶氏化學（Dow Chemical Company）**為例，這是全球最大的塑膠與化學製造商。

陶氏化學曾在二〇一七年和**杜邦公司（DuPont）**合併，但在二〇一九年四月又分拆，成為新的陶氏化學公司。陶氏化學與杜邦公司在化學領域都是超大型公司，合併後為了避免觸犯反壟斷法，因而分拆成三家公司。

報告中也提到，**「他們在全球三十一國的一百零四個生產據點，主要生產塑膠、工業半成品、塗料、矽等產品」**。

這間公司被譽為**「化學公司的化學公司」**，也就是說，陶氏化學就像其他化學公司的老家，這些化學公司製造產品所需的材料，都是由陶氏化學供貨。

業績評論則指出，**「二〇二二年上半年，市場對特殊塑膠與包裝用材料這**

**兩款公司主要產品的需求擴大，工業半成品與功能性材料的業績也有所成長。即使受到『匯率逆勢』的影響，產品價格上漲也能為整體營收成長有所貢獻」**。這裡必須注意「匯率逆勢」的說法，顯示出美元升值對陶氏化學不利。

此外，**「下半年的需求與價格都趨於穩定。原料價格高漲、能源成本增加，導致獲利能力惡化。即使全年營收增加，盈餘也必然減少。」**從這段描述中可以看出，自二〇二二年下半年開始，美國經濟發展明顯減速。

另外，陶氏杜邦（DowDuPont）在合併後又拆分出來的另一間公司杜邦，也是全球最大的化學品製造商。這間公司的業績概況如下：**「二〇二二年上半年半導體相關表現強勁，再加上收購而來的電磁波遮蔽材料等，高科技的業務大增。防護設備的業務發展順利，水處理業務的增值也帶來貢獻。然而，原料成本增加，再加上企業重組的費用，以及上一個年度出售業務的盈餘不復存在。下半年的需求依然穩定，但是受到匯率逆勢的影響。此外，由於缺少已經**

**賣出的生物材料事業部，全年度銷售額預期將下滑。」**由此可以看出，美元升值對杜邦公司的業績而言也是負面影響。

在原料、農業、能源等支撐國家根本的重要產業中，美國都有許多世界級的大型企業。特別是對於以出口產品為主的美國企業而言，自二〇二二年初秋開始，美元升值為業績帶來非常大的挑戰。這樣的狀況從陶氏化學與杜邦公司的業績概況，也可以看得出來。

## 用美元升值來抑制通膨

那麼，為什麼美國會容許美元升值呢？一直以來，美國通常不會任由美元升值，因為這是對國家出口產業不利的狀況。然而令人驚訝的是，即使美元兌日圓已經達到一美元兌一百五十一日圓，美國政府幾乎沒有發聲要抑制美元升值。

我想可能的原因在於，**對美國來說，通膨帶來的威脅就是如此嚴重**。

美國經濟的支柱是直接和消費者有關的服務業。如果消費者物價指數持續上升，支持美國經濟的個人消費可能迅速減少，導致美國經濟面臨衰退的風險。

除此之外，在通膨加劇的同時，恰好美元升值了，可以成為抑制通膨的力量，沒有理由不順勢利用。美元升值的時候，美國從海外進口的各種商品的美元價格會下降，進而抑制美國境內的通膨。

因此我想，即使可能需要在某種程度上犧牲製造業，美國也得試圖避免通膨造成個人消費減少的狀況。

---

以上的內容是根據《企業四季報》與《美國企業四季報》來解讀價值鏈。

這些文字敘述可以在各企業的整合性報告、有價證券報告、股東通訊等投資人關係（Investor Relationship）相關文件中找到。

閱讀這類文件的同時，**請思考這間企業著力最多的業務是什麼，這項業務正面臨怎麼樣的經濟環境等問題**。如此一來，不僅可以了解景氣的轉折點，還能掌握企業的優勢、劣勢等，這對實際進行股票投資，應該是相當有用的參考資料。

## GAFAM的業績表現無法推估景氣

一說到美國，人們腦海中往往會浮現出好幾間全球知名網路企業。像是合稱為GAFAM的Google、蘋果（Apple）、Meta（前臉書Facebook）、亞馬遜（Amazon）與微軟（Microsoft），正是典型的實例。實際上，在美國股市中，這些企業具備壓倒性的市值，股價上漲就是推升美國股市成長的重要引擎。

但值得注意的是，對於掌握經濟轉折點而言，網路企業實際上並沒有太大的參考價值。更確切的說，**許多網路企業甚至可能促進通貨緊縮**。

尤其隨著智慧型手機的普及，這種趨勢更加明顯。原因在於，人們可以透過智慧型手機連結網路，輕鬆迅速的獲得免費的娛樂。雖然有人可能會提出不同的觀點，認為「亞馬遜是零售商，和現實有密切的關聯」或「蘋果根本是智慧型手機製造商」。但是，如果拆解亞馬遜的業務模式，就可以發現目前這間企業的市值中，零售業務的價值鏈幾乎是零，甚至還被視為成本看待，市場對這些業務沒有什麼正面評價。

那麼，亞馬遜為什麼會擁有如此龐大的市值呢？答案是名為**ＡＷＳ的雲端服務**，ＡＷＳ是亞馬遜網路服務（Amazon Web Services）的縮寫，透過網路提供伺服器租用、資料庫、雲端儲存、物聯網（ＩｏＴ）架構、機器學習等各種雲端服務。

再以微軟為例，這間公司原本是開發、販售Excel與Windows等軟體，但現在已經很難看到這類套裝軟體在秋葉原的電器店裡販售。因為這些軟體通常已經預先安裝在販售出去的個人電腦中，並且大多數都是透過雲端提供服務。

那麼，像**蘋果**這類開發、製造並販售智慧型手機、平板電腦以及個人電腦的公司又如何呢？雖然蘋果確實是製造商，但**根據二〇二二年的營收資料顯示，服務就占了二〇%**，其中包括App Store、Apple Pay與Apple Music等。

順帶一提，蘋果麥金塔（Macintosh，簡稱Mac）個人電腦的占比為一〇%，iPad平板電腦為七%，即使兩者合併計算，服務的占比依然比較高。

而且，這類雲端服務的特點是，營收不太受到景氣的影響。更何況，透過雲端提供的各種服務，並不是使用高科技技術的高價服務，而是以全球廣泛、薄利的方式營利，收費系統非常實惠。因此，這些服務在某種程度上被視為**導**

**致通縮**的因素。

如同前述，市場對於智慧型手機、個人電腦等硬體的需求，將敏感反映出景氣的變化，我們可以透過半導體與半導體製造設備的動向等領先指標，來了解景氣的走向。另一方面，透過智慧型手機或個人電腦連結的服務，對景氣的變化反應遲鈍，並非評估經濟前景的有力指標。

儘管ＧＡＦＡＭ等網路相關企業被譽為引領美國經濟的最尖端企業，但我們應該要注意，這些企業並非評估景氣趨勢的參考依據。

第 5 章

# 大宗商品和景氣的關係

## 最能敏感反映景氣的是原油市場

大宗商品（Commodity），也就是所謂的**「商品市場」**。大宗商品可以分類為黃金、白銀、白金等「貴金屬」，鋁、橡膠、鈀金等「工業品」，以及原油、天然氣等「能源」，大豆、玉米等「穀物」。另外還包括豬肉、柳橙汁、咖啡豆等物品，每天都是以商品期貨的方式在市場上買賣交易。

通貨膨脹指的是物價上漲，因此當大環境充斥著通膨氛圍時，可以預期商品價格也會跟著上揚。

實際上，過去就是如此。大宗商品期貨曾經被視為預測通膨的領先指標。然而，那個時代的經濟規模比較小、國際貿易受限，而且交易品項與財貨、服務種類比較少。當時，大宗商品的價格波動更容易受到通膨影響。

然而，近年來經濟活動變得更加複雜多樣。或許因為如此，大宗商品的價格未必總是隨著通膨而上漲。

其中，**最能敏銳反映景氣與物價的大宗商品是「原油」**。原油的價格有好幾個來源，像是美國產的ＷＴＩ原油（West Texas Intermediate，西德州中級原油）、北海產的布蘭特原油（Brent Crude）、阿拉伯聯合大公國產的杜拜原油（Dubai）等，其中美國的ＷＴＩ原油是世界原油價格的指標。

---

原油是指從油田開採的原始石油。經過精煉，可以製成汽油、煤油、輕油、重油等燃料，同時還可以製造以原油為原料的尼龍、聚酯纖維、塑膠、合成橡膠、合成清潔劑等。因為原油是所有經濟活動的基礎能源，**當全球經濟活動熱絡，原油價格上漲，反之，當經濟活動停滯，原油價格下跌**。

那麼，**原油的供需會受到什麼因素影響呢？主要是受到中國與印度的影響**。

WTI原油價格從一九八〇年代至二〇〇〇年左右，一直在每桶約二十到四十美元的範圍波動。然而，自二〇二〇年以後，便呈現上升趨勢，並於二〇〇八年七月達到歷史最高點，每桶一百四十七美元。**造成這一波超級循環的原因，是中國經濟的快速成長。**＊

隨後，原油價格反覆發生急劇的漲跌波動，到了二〇二一年，中國原油進口量二十年來首次出現年度負成長。但是，預測指出，隨著二〇二三年解除疫情清零政策，原油價格可能再次大幅上升，因此可見中國的經濟狀況在一段時間內，仍然會對原油價格產生重大影響。

---

另一項對景氣變化十分敏感的商品是**「銅」**。銅不僅用於製造半導體與電線，還廣泛應用在各種產業中，因此在景氣好轉或通膨可能加劇時，通常價格

會上升。建議在觀察原油價格的同時，也要關注銅的價格。

雖然原油價格受到景氣波動的影響比較明顯，但要注意其他因素也可能造成影響。

舉例來說，二〇二二年，WTI原油價格大幅上漲的原因，並非全球景氣狀況極佳，而是烏克蘭與俄羅斯之間的戰爭，這導致全球能源供需失衡、原油價格暴漲。在觀察原油價格時，最好也要考慮這些地緣政治因素。

## 穀物、糧食受景氣以外的要因強烈影響

原油與銅具有敏感反映景氣的特徵，但是，其他大宗商品受到和景氣無關

* 編注：此處的「超級循環」指的是原物料超級循環（commodity supercycle），由於原物料的景氣循環比一般景氣循環更長，因而得名。

的因素影響更加強烈。

以**咖啡豆**為例，這項商品可能因為產地樹木病蟲害、天候惡劣或印度洋氣旋等，產量受到各種自然因素的影響而增減，進而影響供需，並造成咖啡豆的價格波動。

這些情況也適用於**玉米**、**大豆**等穀物的價格趨勢。

玉米是家畜的飼料，因此它的價格趨勢也會影響到作為食用肉品供給的家畜價格。

假設**某年玉米價格暴漲**，**當年或隔年的牛肉價格就很容易下跌**，兩者的關係就是如此。原因在於，當玉米價格暴漲時，用來餵養家畜的飼料成本便上升，所以畜農業者會傾向提前屠宰家畜。於是，牛肉供應量增加，價格就下跌。然而，再過一年，原本應當出售的牛隻數量減少，牛肉的供需關係變得緊張，價格就很容易上揚。

另外，還有一種長期以來價格很容易劇烈波動的大宗商品，那就是**木材**。在二〇二一年疫情期間，木材價格急劇上升，據說是因為下列因素。

木材價格通常會在房地產市場繁盛時上漲，而在房市低迷時則有下跌的趨勢。但是，在木材危機期間，除了房地產市場的動向外，還有其他因素影響木材價格急劇上漲。例如，受到新冠疫情影響，城市與港口封鎖，木材出口受到限制、供應鏈混亂，價格因此急速升騰。

順便一提，截至二〇二三年二月，木材價格不再如同木材危機時期一般混亂，已經相對穩定，甚至回到疫情前的水準。此外，市場擔憂利率上升導致房地產建設需求下滑，也影響木材價格趨於穩定。

## 美元與大宗商品價格呈現負相關

目前為止所提到的大宗商品價格波動因素，基本上主要受到需求與供給變化的影響。

此外，我們必須謹記，**大宗商品的價格也因此大幅受到金融政策的影響**。

舉例來說，假設美國實行貨幣緊縮政策，導致利率上升。美元會受到市場青睞，便跟著升值。**受到這股趨勢影響，大宗商品價格可能下跌**。

相反的，美國如果實行貨幣寬鬆政策，**利率將會下滑，市場會賣出美元，進而推動大宗商品價格上揚**。

為什麼會產生這樣的變化呢？這是因為大宗商品具有風險性資產的特質。

利率上升時，市場會買進美元。毫無疑問，**資金當然會湧向利率較高的國家**。與此同時，隨著美國升息，投資熱錢自然會傾向選擇相對穩定的利息收入，而不是風險波動較大的商品。

而且，由於利率上升，就連美國公債這種無風險資產也能獲得一定的報酬。於是，大宗商品可能遭到拋售，資金流向美國公債。

換句話說，**「美元升值會導致大宗商品價格下跌」，兩者呈現負相關**。

當美國實行貨幣寬鬆政策時，則可能出現相反的情況。換句話說，當貨幣寬鬆使得美國利率下降時，美元可能遭到拋售。同時，美國公債等確定會支付報酬的商品利率下跌，吸引力降低，**投資人寧願冒一些風險以追求更高的報酬**。因此，資金可能流向大宗商品等風險性資產，隨著美元貶值，大宗商品的價格反倒上漲。

當然，「美元升值，大宗商品價格就下跌」或「美元貶值，大宗商品價格就上漲」的狀況都不是絕對。在戰爭等特殊情況下，美元與大宗商品的價格可能同時上漲。然而，在一般的狀況下，請謹記美元與大宗商品的價格之間存在這樣的負相關，有助於避免損失。

## 通膨時金價卻不漲的奇妙現象

提到黃金價格，人們常說「黃金是抗通膨的資產」，也就是說，「通膨時，黃金價格會上揚」。

那麼，在二〇二二年中，當美國國內強烈擔心發生通膨時，黃金價格呈現怎樣的變化呢？

截至二〇二二年一月，每盎司的黃金約為一千八百美元，到同年三月已超過二千美元。

然而，從那之後，金價持續下跌，一度跌至約一千六百一十美元。儘管那一年的通膨急速加劇，原本能抗通膨的黃金價格卻一直走下坡。

這最主要是受到美國貨幣政策的影響。為了阻止通膨發生，美國聯邦準備銀行連續多次提高政策利率，這便成為影響黃金價格的負面因素。即使購買大量黃金，**黃金再怎麼說也只是物品，不會滋生利息**。

而且，隨著利率上揚，美國公債利息增加，吸引力也會提高，投資人可能會因此賣掉手中的黃金，轉而將資金投入美國公債。於是，利率上升時，黃金價格卻下跌，這是二〇二二年黃金價格下跌的主要原因。

---

二〇二二年黃金價格下跌的另一個原因是美元走強。美元和黃金也一樣會連動，美元升值時，黃金價格則下跌，而美元貶值時，黃金價格便上漲。

這是因為黃金不僅是貴金屬，同時也被視為貨幣看待。實際上，一九七一年尼克森衝擊（Nixon Shock）之前，美國政府規定每盎司黃金可兌換三十五美元。*

美元和黃金價格呈負相關的狀況，可能是這段歷史遺留下來的結果。之後，當市場賣出美元時，投資人便傾向購買黃金；反之，當市場買進美元時，黃金價格就下跌。

順便一提，回顧過去黃金價格的變動，黃金績效最亮麗的時候，並不在高通膨時期，而是在**「低通膨時期」**。在低通膨、低利率時期，投資黃金能夠獲得最高的報酬。

## 金本位制會再次回歸嗎？

我們再談一件和黃金有關的話題。雖然黃金在日本可能沒有那麼受到重視，但是，在中東、印度或中國等地，人們卻認為黃金非常可靠。順帶一提，在我的故鄉土耳其，大家所擁有的個人資產當中，黃金也特別受到重視。

這可能是從鄂圖曼帝國時代開始流傳至今的想法，土耳其人不太相信現金，回溯歷史，錢幣多次受到通膨影響而貶值成為廢紙。**從那個時候開始，人們便養成手頭有多餘閒錢，就轉換為黃金的習慣**。因此，在土耳其伊斯坦堡大市集（Grand Bazaar），可以看到許多以黃金做交易的珠寶商。

先撇開這件事不談，**現在中國人民銀行正積極大量購買黃金**。在二〇二二年十一月公布央行黃金儲備增加三十二噸後，十二月又公布增加三十噸，二〇二三年一月再增加十四噸。因此，到二〇二三年一月，中國持有的黃金儲備量

* 譯注：自十九世紀中期，各國採取「金本位制」，每單位的貨幣都有對應的黃金價格，方便國際間交易使用。然而，二十世紀初經歷兩次世界大戰，國際局勢與地位產生極大變化，金本位制也逐漸失效。為了穩定各國間的外匯交易，國際貨幣基金組織（International Monetary Fund，縮寫為 IMF）於一九四五年誕生，並確立「黃金美元本位制」、採取固定匯率，規定美國隨時都可以每盎司黃金兌換三十五美元，同時也決定美元與各國貨幣的兌換比率。然而，一九七一年，美國總統尼克森突然透過電視媒體，宣布停止黃金與美元的兌換，稱為尼克森衝擊。

達到二千零二十四噸，比二〇一九年九月底增加達七十六噸。*

但在增加黃金持有量的同時，中國央行持有的美國公債餘額卻不斷減少。這代表什麼意思呢？恐怕**中國政府的目標在於，徹底擺脫對美元的依賴**。

即使像中國與俄羅斯這樣擺明反美的國家，在國際貿易中仍然不得不使用美元。美元是全球最重要的基準貨幣，迄今為止中國只能被迫接受現況。然而，由於烏克蘭戰爭，美國等西方各國對俄羅斯實施經濟制裁，相對親俄的中國也受到影響，逐漸開始採取減少依賴美元的行動。

此外，為了推翻美元的霸權地位，中國目前的策略可能就是使用黃金作為替代品。

再者，即使不考慮這一點，現階段美國隨意印製美元的做法是否正確，也讓人有疑慮。因此，我認為目前有必要採取資產分散的策略，不能僅依賴美元。

在我看來，或許在接下來的一段時間內，有必要關注黃金與美元的動態。

* 編注：截至二〇二三年底，中國央行的黃金儲備已超過兩千兩百三十五噸。

# 第6章

# 投資、工作、人生，<br>都要從通縮思維<br>轉成通膨思維

## 低通膨、低利率的時代已經結束

**我們目前正處於時代重大變革的關鍵時刻**。相信一路閱讀到這裡的各位可能已經理解，**低通膨與低利率的時代即將結束，我們將要迎來真正的通膨時代**。一旦真正的通膨時代來臨，如果仍然秉持昔日低通膨、低利率時代的思維，不論是管理資產或經營事業，都將面臨困境。在通膨時代，我們必須具備因應這種情況的新思維，來管理資產、經營事業。要培養綜觀時代全局的洞察力，就需要解讀經濟指標。

在低通膨（或通縮）、低利率的時代，現金的價值相對比較高，人們即使不必刻意學習，也可以過著相對富裕的生活。因為**物價下跌導致的經濟現象就是通貨緊縮**。原本一千日圓的商品，價格下降到五百日圓，一千日圓就能買到兩個，這就是通縮；同樣的一千日圓可以買到更多東西，現金就是這麼有價值。

曾經價值一千日圓的商品變成五百日圓，換個角度來看，就像一千日圓變成了兩千日圓。也就是說，這是運用一千日圓可以得到兩倍成果的經濟效果。所以，僅僅是持有現金，資產價值就會倍增。也許我舉的例子有些極端，但無論如何，在物品價格會持續下跌的通縮經濟局勢中，即使不冒風險運用資金，也能夠獲得和運用資金相同的經濟效果。

在日本，民眾習慣持有大量現金或存款。二〇二二年九月底，日本的個人金融資產餘額達到二千零五兆日圓。其中，現金與銀行存款的餘額高達一千一百兆日圓，占個人金融資產餘額的五四・八％。

由此可見，日本人信賴現金與存款的思想十分強烈，因為即使沒有積極運用，也能夠過著相當富足的生活。

二戰後，從百廢待舉的狀況中再次立足、站穩腳步的日本，在一九五五年前後到一九七三年石油危機，達成奇蹟般的高度經濟成長。日本在這段期間，當然也經歷過通貨膨脹，然而，由於薪資不斷調升，購買力並沒有因物價上揚而降低，同時由於土地價格上漲，購屋者可以藉此增加持有資產的價值。即使不投資股票，也能夠增加資產。

一九九〇年代初，泡沫經濟崩壞，日本經濟從此進入嚴重的通貨緊縮局面。如前所述，在通縮經濟下，光是持有現金，金錢的價值就會上漲，因此日本人即使不大量投資，依然得以持續擴大實際資產的價值。

從第二次世界大戰後一直到近期，日本人即使不特別意識到要運用資產，日常生活也沒有哪裡不方便。

然而，**這樣的思維今後可能行不通**。原因在於，通膨可能會成為常態。

況且，在日本高度經濟成長時期發生的通膨，企業可以持續獲利，經濟規模不斷擴大，但未來的通膨卻截然不同。由於人口減少，經濟規模逐漸縮小，才出現發生通膨的風險。

## 通膨成為常態的第一個原因：貨幣寬鬆

日本在過去二十年中，始終採行低利率、甚至負利率的政策，但這些絕不是導致當前通膨趨勢的原因。如果低利率或負利率是通膨的導因，日本早早就陷入通膨。

**最大的原因是，聯邦準備銀行採取極端的量化寬鬆政策（Quantitative Easing，縮寫為 QE）**。正如我在序言中提及，聯邦準備銀行在短時間內極端擴大資產負債表的措施，被視為導致當前通膨的原因。

在柏南克（Ben S. Bernanke）擔任聯準會主席時期，* 由於金融海嘯後貨幣暫時流動性不足，為了緩解美國經濟陷入經濟衰退的狀況，前後實施了三次量化寬鬆政策。

量化寬鬆政策在二〇一四年暫時結束，當散布在市場的資金量逐漸減少之際，又爆發新冠疫情。**二〇一四年五月，美國的資產負債表擴大至四兆五千零一十一億美元，然而在二〇一九年八月，即疫情爆發前，已經減少到三兆七千六百一十五億美元**。

然而，二〇二〇年新冠疫情一下子爆發之後，美國因為封城，經濟也陷入停滯；在這段期間，為了維持經濟運作，央行不斷廣發資金。這筆金額相當驚人，截至二〇二二年三月，聯邦準備銀行的資產負債表，急速擴大至八兆九千六百二十四億美元。

二〇一九年八月至二〇二二年三月的兩年七個月內，聯邦準備銀行的資產負債表擴大，金額高達五兆兩千億美元。如果以一美元兌一百三十五日圓換算，相當於七百零二兆日圓，遠超過日本一年的GDP。

順帶一提，二〇二二年日本的GDP估計為五百五十二兆兩千九百二十一億日圓。換句話說，美國在短短兩年七個月內，就印製超過日本全年產值的鈔票，廣發到世界各地，不可能對經濟毫無影響。這種做法帶來的影響已經以物價上漲的形式呈現，如同我在序言中的說明。

---

那麼，如此大幅將資產負債表擴大後，要把資金收回並恢復平衡同樣是一道**難題**。美國在二〇二二年後開始積極的實施升息措施，以回收撒向市場的資

---

* 譯注：任期為二〇〇六到二〇一四年。

## 聯邦準備銀行的資產負債表

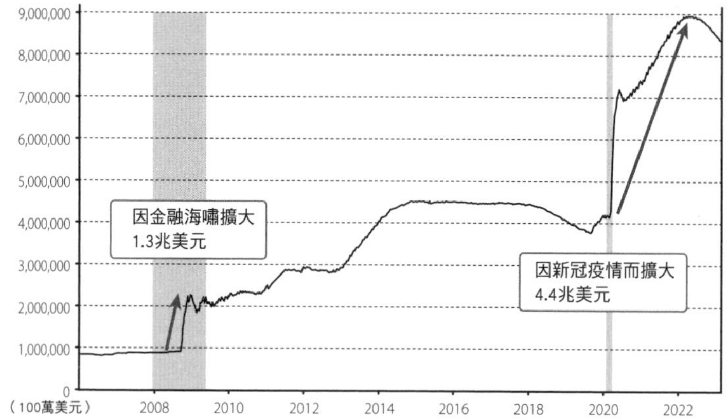


資料來源：CME

金，但實際上，聯邦準備銀行的資產負債表縮減了多少呢？截至二〇二三年二月，美國納斯達克交易市場和前一年的高點相比，下跌超過三〇%，曾經擁有約三兆美元市值規模的加密資產市場，目前已減少七五%，陷入崩壞狀態。此外，以GAFAM為首的美國高科技企業，部分股價則慘跌將近一半。

儘管市場產生如此巨大的震盪，聯邦準備銀行的資產負債表仍然維持在八兆三千八百四十七億美元，和二〇二二年三月的高峰相比，只減少五千七百七十億美元。如果聯邦準備銀行急速將資產負債表縮表至疫情前的水準，美國的資本市場將完全崩潰。儘管數值最終將回歸正常，也需要相當長的時間逐步進行。換句話說，**通膨期間可能持續拉長**。

## 通膨成為常態的第二個原因：新冷戰

過去的冷戰是指以美國為中心的西方國家，和以蘇聯為中心的東方國家之間的冷戰。

這場冷戰最終隨著蘇聯瓦解、東方國家實行資本主義而畫下句點。如果將一九八九年柏林圍牆倒塌視為冷戰結束的標誌，那麼在這大約長達三十年間，全球始終處於美國獨大的時代。在這段期間，美國憑藉網路的力量引領全球，經濟規模也驚人的不斷擴大。

然而，現在全球再次出現讓人不安的變化。

首先是中國的崛起。中國挾其龐大的人口作為武器，從世界工廠的地位，逐漸試圖轉型成全球最大的消費市場，更透過「一帶一路」，致力主宰全球經濟。除此之外，中國不斷加強軍事實力，計畫將版圖擴張至太平洋。美國和中國雖然避免引發軍事衝突，但從經濟上來說，可說是已經處於戰爭狀態。再加上臺灣海峽的情勢逐漸緊張，難以預估何時會進入局部戰爭的狀態。

再者，俄羅斯入侵烏克蘭的問題，目前尚無解決跡象。況且，俄羅斯和中國逐漸靠攏。如果這兩個獨裁國家攜手合作，毫無疑問將成為新的威脅。新冷戰將成為獨裁國家與民主國家之間的戰爭。

**這場新冷戰，將帶來結構性的通膨風險。**

二〇二二年六月，美國的通膨率和前年相比，上升達九・一%，但之後漸

美國CPI

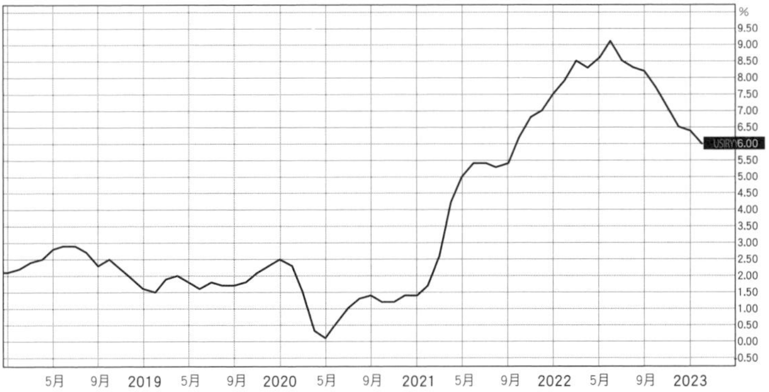


資料來源：TradingView

漸回穩。截至二〇二三年一月，通膨率為六・四%。根據經濟合作暨發展組織（OECD）的預測，未來通膨率將進一步下降，預計二〇二三年美國的通膨率會降至三・五%。但我個人認為，這項預測極為樂觀。

---

未來，如果經濟成長趨緩，通膨率達到頂峰也很合理，但**問題在於新冷戰**。只要這種情況不變，**即使通膨率平穩下降，物價也不太可能降至疫**

**情前的水準**。

這是因為，許多企業開始撤離以低廉勞動力大量製造產品的世界工廠中國，這樣的趨勢逐漸擴大、加劇。

我們第一次注意到這種趨勢是在二〇一五年。當時，在閱讀《企業四季報》時，看到一則和Levi Strauss Japan公司（已下市）有關的文章，其中提到**「直營店與特許加盟店都強調『日本製造』以刺激需求」**。Levi's是美國的知名服裝品牌，但是在許多服裝品牌都以「中國製造」為主的時代，Levi's卻回歸「日本製造」，令人不禁懷疑。

然而，不只有Levi's回歸「日本製造」。針對當時在中資底下重建品牌的日本服飾公司Renown（於二〇二〇年破產），《企業四季報》也描述這間公司**「在秋冬商戰中推出日本製造的新商品」**。除此之外，二〇一二年二月十三日發行的《PRESIDENT》雜誌，刊載了一篇文章分析**「為什麼日本HP將工廠遷至**

**東京」**。

HP指的是美國電腦公司惠普（Hewlett-Packard）。他們關閉中國的生產據點，將工廠遷移到東京昭島市。當時中國被稱為「世界工廠」，中國製造的商品不僅勞動力成本低廉，產品價格也相對便宜，因此全球各地的製造商紛紛在中國建立生產據點。

既然如此，惠普為什麼會在那個時候將生產據點轉移到日本呢？原因在於，**在日本製造的「總成本」更低**。

所謂的總成本，不僅指生產成本，還包括在中國製造商品時企業可能面臨的各種風險。

舉例來說，在新冠疫情期間，當中國的主要城市突然**封城**時，工廠裡的工人可能放棄工作逃出城，或者，為了阻止員工逃跑，企業則必須支付高額的獎金。

還有，和**專利**有關的問題也是風險。有些公司在中國遭到竊取專利後，被其他中國公司拿去申請專利，甚至還可能反倒因為專利侵權遭到起訴，被迫支付巨額賠償金。

除此之外還有其他風險，例如，長假前支付獎金還沒關係，但拿了獎金卻沒有返回工作崗位的案例也時有所聞。

---

然而，最令人擔憂的還是**政治風險**。中國在鄧小平的領導下轉向實施開放政策；江澤民與胡錦濤的時期則是以一國兩制為本，在經濟政策上引進資本主義元素，實現高速成長。然而，自二〇一二年習近平體制以來，中國回歸毛澤東時代的一黨獨裁主義。如此一來，企業在中國設廠的風險變得非常高。換句話說，就是總成本急劇上升。然而，即使在日本等先進國家製造產品的總成本

比較低，其中依然包括看不見的成本；實際上，從肉眼可見的產品製造價格來考量，確實相對昂貴。也就是說，**如果排除在中國製造的選項，產品價格勢必會上揚**。當然，至少對日本而言，這些變化並不全然是壞事，**因為生產據點正回流到日本**。

臺灣半導體代工廠台積電宣布在熊本縣大規模設廠，這件事已經在半導體業界掀起話題，同時還有傳言表示，他們會在日本國內建立第二個生產據點。*這麼一來，日本自然需要半導體製造相關的高科技人才。為了吸引優秀人才，則必須提高薪資水準。實際上，**日本許多企業已經開始提高新進人員起薪與員工薪資**，這當然也是造成通膨的因素之一。

隨著由地緣政治風險所引發的中日「脫鉤」持續進展，通膨的可能性將不

* 譯注：台積電熊本一廠已於二〇二四年二月二十四日開幕。台積電亦於二月六日正式宣布在熊本建設第二座晶圓廠。

斷提高。

## 通膨成為常態的第三個原因：日本的財政虧損

日本銀行與日本政府向來將物價上漲二%視為目標通膨率。實際上，二〇二二年四月的消費者物價指數，和前年同月相比上升二・一%，達到目標通膨率（參見下頁圖表）。

此後，消費者物價指數繼續上升，截至二〇二三年一月已達到四・三%。日本的經濟終於擺脫持續長達三十年的通貨緊縮。

然而，這一波通膨並不是人們樂見的形式。因為造成通膨的主因來自外部，包括日圓曾經一度貶值到**一美元兌一百五十一日圓**，**以及燃料與能源價格飆升**。日本銀行與政府期望在國內景氣復甦的同時，由於企業加薪，促進個人

日本的通膨浪潮終於來襲！

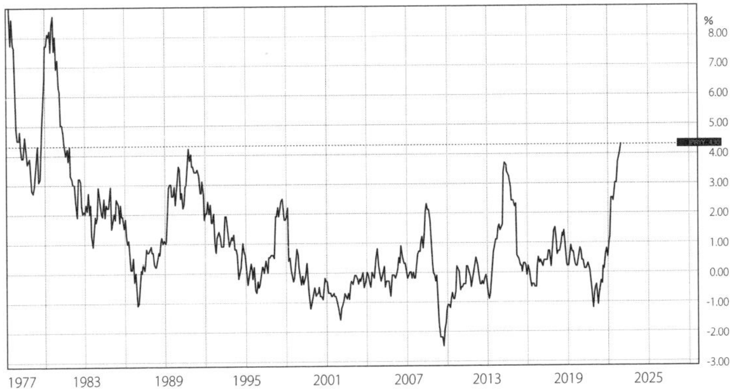


資料來源 ： TradingView

消費，從而帶動物價上漲，像這樣源於國內經濟好轉帶來的通膨。

幸好，自二〇二三年以來，部分企業已經陸續開始加薪；這正是日本銀行與政府期待已久的通膨形式。由於眼見引頸企盼的通膨似乎有望實現，尤其是日本政府，最希望盡一切可能讓這種趨勢持續下去。這是因為，日本目前正背負著龐大的政府債務。

截至二〇二二年底，日本政府發行的一般公債餘額為一千零二十九兆日圓。一般公債是為了進行公共工程、或是用來彌補政府資金不足而發行的債券，可以說是一種債務的憑證。而這筆金額達到一千零二十九兆日圓，相當於日本兩年的ＧＤＰ。

就在二〇二二年底，日本的債務餘額占ＧＤＰ的比例為二六二・五％，是先進國家之最。相較之下，義大利為一五〇・六％，美國為一二五・六％，法國為一一二・六％，加拿大為一〇一・八％，英國為八七・八％，德國則是七〇・九％。

日本的債務餘額占ＧＤＰ比例超過二〇〇％，這樣的數字只有出現在一九四四年戰敗前夕創下的二〇四％紀錄。當時是因為戰爭需要龐大資金，政府便透過發行大量公債籌集資金，用於軍事開支。和那時相比，目前的情況更加糟糕。

要償還一千零二十九兆日圓的債務並不容易。然而，有一種方法可以快速償還這筆債務。

經常有人問我：「日本政府背負如此高額的債務，會不會有問題？」不少人都擔心，擁有超過一千兆日圓債務的日本政府，會因為債台高築被壓得喘不過氣而破產。

這樣的擔憂是多餘的。日本政府背負的巨額債務，**幸好大部分都是從國內借來**。儘管和過去相比，日本從海外借錢的額度有所增加，但日本公債仍有超過九成是由國內持有。

順帶一提，截至二〇二二年九月底，日本公債持有者的組成如第235頁圖表所示。海外持有的比率僅為七・一％，其餘債務都來自日本國內。

至少從日本國內借來的債務，政府可以輕鬆償還，因為只要大量印製鈔票補足欠款就好。此外，印製鈔票的機構是日本銀行，他們實際上持有五〇・三%的政府債務，因此印鈔票來還債又更簡單了。

那麼，大家可能會想，既然這種解決方法如此簡單，為什麼不照做呢？因為，這可能會引發嚴重通膨的風險。

---

過去，日本政府曾透過強制限制存款、以新日圓替換舊日圓，以及設下現金提取限制等激烈手段，致力於清償債務；但那是發生在一九四五年。透過限制提取舊日圓，隨後轉換使用新日圓、同時停止流通舊日圓，舊日圓就此變成廢紙。於是，日本政府大部分以舊日圓計價的債務，得以一筆勾消。

而且，這種手段並非二戰結束後第一次出現。在明治維新時期也發生過類似的狀況，日本政府透過某些方式讓巨額欠債歸零。當時為了廢除以前的武士政府，武士向商人借的大筆債務被一筆勾消，為成立明治政府鋪設坦途。

從這些過往的例子可以看出，政府隨時都有能力清償債務。因此，即使一般國債的餘額超過千兆日圓，也不會導致日本政府破產。

只不過，一旦大量印鈔票，**日圓的價值必然大幅下跌**。如此一來，持有日圓資產的人將因通膨而損失資產

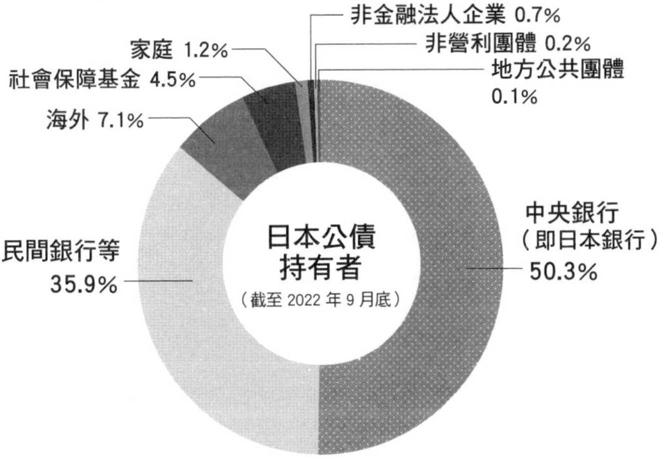

價值，面臨巨大損失。

儘管如此，一旦實施如此大膽的政策，國內局勢可能會陷入混亂。因此，日本政府應該非常感激目前保有約四％的通膨率，只要維持這個水準，**就可以逐漸降低債務的實質價值**。從這一點可以得知，物價不太可能下跌。

## 當利率達二〇％，該如何因應生活？

對於生活在先進國家的我們來說，低利率或零利率似乎是理所當然。然而，我們每個人都應該認識到，從歷史的角度來看，這是相當異常的情況。

「利率」的概念實際上已經有數千年的歷史，就我們所知的範圍，**平均利率水準大約是二〇％**。換句話說，年利率二〇％相當合理。由於目前是零利率的狀況，因此現今先進國家形塑的利率水準確實很異常。

儘管這是市場的常態，但**異常值終究會被修正**。換句話說，目前的超低利率在某個階段肯定會有所調整，也就是利率會上升。

不，甚至在這之前，通膨可能會更進一步加速。如果將歷史上的平均年度利率設定為二〇％，那麼物價可能會上升到接近這個水準。

另一方面，正如前文所提，美國曾經實施過前所未有的量化寬鬆。只需稍微緊縮金融政策，美國股市就會大幅下跌。雖然不清楚什麼時候會發生這種情況，但如果利率上升到二〇％，美國股市可能會陷入史無前例的大暴跌，其他風險資產也將受到影響。然而，這很有可能是為了保護美元作為世界基準貨幣的信譽，而必須採取的措施。

只不過，這樣的狀況是即將要發生，還是尚需時日醞釀，老實說沒有人知道。當然，我也完全不知道。因此，在這樣的情況下，進行投資時，我們只能**在社會進入貨幣寬鬆的時期持有風險性資產，在金融緊縮的大環境下出售風險**

**性資產，以確保不會承擔過多風險。**

此外，**為了掌握經濟是朝著貨幣寬鬆的趨勢發展、還是向著貨幣緊縮的方向前進，可以參考本書中提到的經濟指標。**換句話說，在當前投資環境不明朗的狀況下，了解經濟指標是自我保護的必要知識。

---

最後，我特別想對日本人說的是，過去三十年始終處於通縮經濟的環境，大家的思維已經完全對此習以為常。但是，當通膨時代來臨之際，我們不能再用通縮思維來應對。為了度過今後的通膨時期，不應該只是死抱著現金，而是要考慮**將資金轉換為具備抗通膨效果的資產，或者在有需要的時候來臨前，提早買進必需品**。

對於習慣節儉、將儲蓄視為美德的日本人來說，轉變思維可能很困難。但是，在通膨加劇的時代，當你想著「好像有點貴，過一段時間價格可能會便宜一點，到時候再買吧」的時候，物價可能不斷上升，反而將讓你遭受損失。

我並不是要你隨便亂買，但是，**培養在必要的時刻購買必需品的決斷能力相當重要**。請學習經濟指標的相關知識，並從中獲取所需的智慧，來因應即將到來的通膨時代。

在未來的時代，學習經濟知識將變得非常重要。本書介紹的經濟指標知識也是其中之一。

但是，我們不需要像專業人士那樣詳細解讀、分析。要了解的是這些數字的涵義，以及它們將如何影響自己持有的資產或經營的事業。雖然經濟指標有很多種，但是如果想要達成上述目標，只要掌握本書介紹的指標就足夠了。

財經企管 BCB841

# 12 個經濟指標，讓你投資無往不利
## 世界インフレ時代の経済指標

作者 ── 艾敏・尤爾馬茲　エミン ユルマズ
譯者 ── 卓惠娟

副社長兼總編輯 ── 吳佩穎
財經館副總監 ── 蘇鵬元
責任編輯 ── 王映茹
封面設計 ── 謝佳穎

出版者 ── 遠見天下文化出版股份有限公司
創辦人 ── 高希均、王力行
遠見・天下文化　事業群榮譽董事長 ── 高希均
遠見・天下文化　事業群董事長 ── 王力行
天下文化社長 ── 王力行
天下文化總經理 ── 鄧瑋羚
國際事務開發部兼版權中心總監 ── 潘欣
法律顧問 ── 理律法律事務所陳長文律師
著作權顧問 ── 魏啟翔律師
社址 ── 臺北市 104 松江路 93 巷 1 號
讀者服務專線 ── 02-2662-0012 ｜傳真 ── 02-2662-0007；02-2662-0009
電子郵件信箱 ── cwpc@cwgv.com.tw
直接郵撥帳號 ── 1326703-6 號　遠見天下文化出版股份有限公司

電腦排版 ── 薛美惠
製版廠 ── 東豪印刷事業有限公司
印刷廠 ── 祥峰印刷事業有限公司
裝訂廠 ── 聿成裝訂股份有限公司
登記證 ── 局版台業字第 2517 號
總經銷 ── 大和書報圖書股份有限公司｜電話 ── 02-8990-2588
出版日期 ── 2024 年 4 月 30 日第一版第 1 次印行
2024 年 8 月 29 日第一版第 3 次印行

國家圖書館出版品預行編目（CIP）資料

12 個經濟指標，讓你投資無往不利＝ Must-know Economic Indicators in the Age of Inflation ／艾敏 ・尤爾馬茲（Emin Yurumazu）著；卓惠娟譯. -- 第一版. -- 臺北市：遠見天下文化出版股份有限公司，2024.04
240 面；14.8×21 公分 .--（財經企管；BCB841）

譯自：世界インフレ時代の経済指標：チャートや企業業績よりも大切な相場の大局観

ISBN 978-626-355-748-2（平裝）

1. CST：經濟指標　2. CST：投資分析

550.19　113005396



定價 ── 400 元
ISBN ── 978-626-355-748-2 ｜ EISBN ── 9786263557475（EPUB）；9786263557468（PDF）
書號 ── BCB841
天下文化官網 ── bookzone.cwgv.com.tw